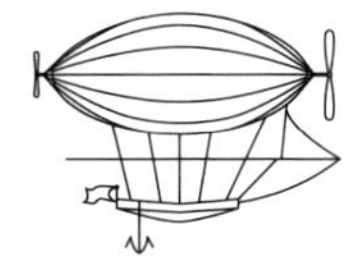

Inside Abacus et la folle histoire du secteur IT en Suisse

Christoph Hugenschmidt

HIER UND JETZT

Table des matières

Prologue

26 août 2022: les parkings autour de la Place Abacus 1, à Wittenbach près de Saint-Gall, débordent de grosses voitures et la foule se presse sous le chapiteau. Au moment où Claudio Hintermann, cofondateur et CEO d'Abacus, entame son allocution de bienvenue, une pluie diluvienne commence à s'abattre sur la tente. L'humeur générale n'est pas propice aux discours, l'assistance à l'arrière se met à bavarder en tentant de couvrir le bruit de la pluie et les paroles de l'orateur. Claudio Hintermann invite son ami d'enfance Eliano Ramelli à le rejoindre, parle d'éducation antiautoritaire et de son désir de devenir enseignant, ce projet dont son ami l'a détourné. Eliano Ramelli est le premier à recevoir un «Abacus Quiet Game Changer Award» accompagné d'une bouteille de tequila rare.

Lors de cet été 2022, l'entreprise de logiciels saint-galloise se trouve en plein bouleversement. Une «nouvelle Abacus» est en chantier, les cofondateurs Eliano Ramelli et Thomas Köberl se retirent au conseil d'administration et l'on s'emploie à réorganiser le management. Claudio Hintermann tient un discours franc et personnel dans le brouhaha de la pluie et du bavardage des convives. Il parle de la manière dont Eliano Ramelli a attiré leur premier partenaire (l'entrepreneur en logiciels Beat Bussmann) et du fait que, sans Christian Huber – auquel Eliano Ramelli a fait appel en tant que «consigliere» –, la direction d'Abacus se serait probablement disloquée depuis longtemps. Le prochain à recevoir une bouteille de tequila est le cofondateur d'Abacus, Thomas Köberl («pour lui, la vérité est dans le marketing»).

Il me semble que Claudio Hintermann s'adresse à la conscience de la future génération d'Abacus: «Notre succès ne dépend pas du montant de nos bénéfices, mais de notre capacité à créer de nouveaux produits qui sont utiles et apportent une satisfaction à celles et ceux qui les produisent.» Il souligne qu'Abacus a trop longtemps ignoré ses collaboratrices et collaborateurs calmes et discrets, mais si précieux, et – de plus en plus agacé par le bruit de fond – décerne d'autres «Quiet Game Changer Awards»: Roland Kosovsky («aborde les problèmes de programmation sous un tout autre angle»), Peter Spaar («parce que tu as toi aussi catapulté Abacus dans plusieurs directions»), Minas Manthos («le Grec qui pense global et qui ouvre à Abacus de nouveaux et vastes horizons») et Remo Inverardi («avec Philipp Hug, tu as brillamment maîtrisé mon faux pas lors de l'acquisition de SwissSign ...»).

Après le discours, je pars à la recherche de quelque chose à manger sous la pluie battante, et je me retrouve dans une salle avec les groupes de musiciens et les speakers. Je m'assieds avec Daniel Senn (alors directeur du développement, aujourd'hui président du conseil d'administration) et Claudio Hintermann (aujourd'hui co-CEO). Il y a de la saucisse à rôtir de Saint-Gall. De quoi parlent-ils donc ? Du comportement exaspérant du public ? Des convives et de la présence ou absence des personnes importantes ? Du coût de cette fête ? De la réorganisation de l'entreprise ? Pas du tout : ils se demandent quel charcutier fabrique la meilleure saucisse à rôtir de Saint-Gall et si Martin Benninger, le grand chef du « Segreto » au siège d'Abacus, l'a commandée au bon endroit.

Ce livre parle du secteur du logiciel et d'Abacus. Une entreprise dont les patrons accordent plus d'importance à la qualité des saucisses qu'à leur ego, et pour qui la croissance et l'argent ne sont pas des objectifs en soi. Une entreprise qui, de ce fait, est devenue grande et riche.

10

Cupidité et mégalomanie

Comment, au tournant du millénaire en Suisse, les logiciels ont rendu certaines personnes très vite très riches – et en ont ruiné d'autres.

Le 25 novembre 1999, les actions de l'entreprise de logiciels Miracle de Langenthal sont négociées pour la première fois sur la place boursière SWX New Market. Le cours de l'action de la petite entreprise connait une évolution fulgurante au cours des deux premiers jours, tout le monde veut acheter des parts de Miracle: le prix du titre passe de 250 à 429 francs. L'entreprise emploie à peine 180 personnes et vaut 430 millions de francs à la fin de la semaine, soit plus de dix fois le chiffre d'affaires estimé pour 1999. Les gros actionnaires s'enrichissent d'un coup et s'enrichiront encore plus dans les mois à venir. Près de la moitié des actions Miracle négociables changent de mains en seulement deux jours. Le journal boursier *Finanz und Wirtschaft* (FuW) ne parle pas des risques ou des prévisions de chiffre d'affaires assez fantasques de l'entreprise: non, le journal se plaint que les particuliers n'ont rien reçu lors de l'attribution des nouvelles actions, les investisseurs institutionnels (comme les caisses de pension et les fonds d'actions) s'étant taillé la part du lion.

Le directeur et actionnaire principal de Miracle, Peter Schüpbach, jette de l'huile sur ce feu d'artifice boursier. Il déclare au *FuW* s'étonner des connaissances spécialisées dont disposent les gestionnaires de fonds à Francfort et à Londres. En clair, le message est le suivant: dépêchez-vous d'acheter nos actions ou les investisseurs chevronnés de Francfort et de Londres s'approprieront les meilleurs morceaux du banquet de la bourse! Les personnes qui demandent alors à leur gestionnaire de fortune de placer des actions Miracle dans leur dépôt voient leur argent se multiplier – comme par miracle.

Miracle n'est pas la seule à l'origine d'un mirage boursier. Les titres d'une société appelée Fantastic ont également fait la fortune de leurs propriétaires. Fondée en 1996 à Zoug, Fantastic développe des logiciels pour la diffusion de contenus médiatiques sur des réseaux à large bande, plutôt exotiques à l'époque. En septembre 1999, la grande banque américaine

Miracle (précédemment NSSoft et Lynx): Fabricant de Langenthal d'une solution d'entreprise destinée avant tout à l'industrie.

Peter Schüpbach: Fondateur et CEO de l'entreprise de logiciels de Langenthal NSSoft, plus tard Lynx, puis Miracle. Aujourd'hui, investisseur et membre du conseil d'administration de diverses entreprises.

Goldman Sachs introduit Fantastic sur le «Neuer Markt» de Francfort. Le cours de l'action de la petite entreprise, en réalité déficitaire, crève le plafond. En novembre 1999, Fantastic a déjà une valeur théorique de 2,6 milliards de francs et, en février 2000, elle atteint 6,3 milliards. Le fondateur de l'entreprise, Peter Ohnemus, devient milliardaire du jour au lendemain. En mars 2000, Fantastic vaut plus en bourse que Swissair et Ems-Chemie réunis. Dans un grand reportage de Finn Canonica, alors journaliste au *Magazin*, supplément du *Tages-Anzeiger,* les gens de Fantastic sont décrits comme de «futurs Digirati» et des «nobles de l'Internet» qui «maîtrisent la terminologie».

Par rapport à Miracle qui possède au moins réellement du code logiciel et une longue histoire en tant qu'éditeur de logiciels de gestion, l'offre de Fantastic fait pâle figure. «Ce n'était qu'un FTP amélioré», comme me l'écrit un ancien collaborateur au printemps 2022. Les FTP (File Transfer Protocol) sont des protocoles largement répandus, développés dans les années 1980 pour le transfert de fichiers via Internet.

Think Tools est le nom d'une start-up qui a encore moins à offrir. Cette entreprise zurichoise derrière laquelle se trouve le philosophe munichois Albrecht A. C. von Müller a, selon ses propres dires, développé «un ensemble de méthodes et d'instruments basés sur PC destiné à aider les décisionnaires politiques, économiques et autres à maîtriser des questions complexes», écrit en termes fleuris le *FuW*. En 1997, Albrecht von Müller présente son «programme d'analyse des problèmes et d'aide à la décision» (citation tirée du magazine économique *Bilan*) au World Economic Forum (WEF) de Davos. Il attire notamment Klaus Schwab, le fondateur du WEF, comme investisseur et client, ainsi que l'ancien conseiller fédéral Flavio Cotti comme membre du conseil d'administration. La presse économique présente Think Tools comme la panacée pour les managers. Albrecht von Müller reçoit des «topshots» dans la très

Peter Ohnemus: Fondateur et CEO de l'entreprise de logiciels Fantastic. Démissionne de son poste de président du conseil d'administration en 2004. Aujourd'hui, actif en tant qu'investisseur et entrepreneur.

Albrecht von Müller: Philosophe et consultant. Devenu temporairement super-riche lors de l'entrée en bourse de l'entreprise Think Tools. Aujourd'hui directeur du Parmenides Center for the Study of Thinking.

chic station d'Antibes, écrit *Bilan* le 1er septembre 1999 : « Dans ce décor et cette ambiance de travail décontractée, il donne des ateliers pour apprendre à résoudre des problèmes stratégiques aux grosses pointures venues en jet pour l'occasion. En règle générale, deux ou trois séances intensives suffisent pour amener à maturité décisionnelle même des questions très complexes avec différents facteurs d'influence interdépendants. » Sans surprise, l'introduction en bourse est un succès. Dès le début de la cotation, le 24 mars 2000, le cours des actions Think Tools passe de 270 francs, le prix d'émission, à 1050 francs. L'entreprise vaut donc théoriquement 2,5 milliards de francs, et le philosophe Albrecht von Müller devient milliardaire et star des médias en un jour. En juin 2000, la presse acclame une autre célébrité : le magazine *Spiegel* annonce que le chancelier allemand de l'époque, Gerhard Schröder, a téléchargé le logiciel de la petite entreprise sur son ordinateur.

Une minuscule entreprise de logiciels entre en bourse

Même un petit acteur comme la société Winpeak de Stans, dotée d'une simple solution PC de gestion d'entreprise du nom de WinOffice et ne comptant qu'une trentaine de personnes, a pu s'aventurer aux côtés des gros poissons. À cette époque, WinOffice ne joue pas un rôle majeur sur le marché suisse des logiciels de gestion. Dans une enquête de Demoscope de 1998 sur l'utilisation de solutions de gestion d'entreprise, WinOffice ne figure même pas dans le top 6. En avril 1999, l'entreprise fait appel à Daniel J. Schwarzenbach, un patron éloquent et très sûr de lui. Elle met en place une structure de holding avec l'aide de la Banque cantonale de Zurich, se donne un nouveau nom qui

Daniel J. Schwarzenbach : Patron de Winpeak de 1999 à avril 2000, puis de Complot-e. Aujourd'hui formateur en vente.

fleure bon l'Internet et le commerce électronique (Complet-e) et conçoit de belles présentations PowerPoint. Aux journalistes présents à la conférence de presse sur l'introduction en bourse imminente en octobre suivant, on remet un sac à dos de sport coûteux contenant un épais dossier rempli de graphiques impressionnants. Daniel Schwarzenbach annonce qu'après l'entrée en bourse, Complet-e pourrait faire passer son chiffre d'affaires de 2,5 millions de francs à 80 millions en trois ans et générer des gains d'ici là. Il y a 2,5 millions de clients dans toute l'Europe et l'objectif est de devenir le numéro trois sur le marché européen. De telles projections se révèlent totalement irréalistes, car les logiciels de gestion d'entreprise diffèrent justement énormément d'un pays à l'autre, et les efforts nécessaires pour les localiser sont gigantesques. Mais la presse économique n'y a pas prêté attention. Et moi non plus, seul employé du magazine *IT Reseller* depuis quelques mois, affublé du titre pompeux de «rédacteur en chef», je n'ai pas osé m'écrier: «Mais l'empereur est nu!», intimidé par l'intérêt bienveillant des journalistes chevronnés des grands médias et de la presse économique comme par les présentations emballées à grands frais. Au moins n'ai-je pas intitulé mon article «Un succès boursier programmé», comme l'a fait le journal économique *Cash,* mais plutôt, faisant montre d'un scepticisme prudent: «Les projets de haut vol de Daniel Schwarzenbach».

«The Internet changes everything»

La folie collective du début du millénaire, où même d'honorables gestionnaires de caisses de pension suisses investissent dans des sociétés dénommées Miracle, Fantastic, Think Tools et Complet-e, trouve sa source dans une conjecture en réalité correcte : l'émergence d'Internet allait changer fondamentalement notre manière de communiquer, de se faire des amis, d'acheter des biens et des services, bref, notre manière de vivre et de faire des affaires. C'est effectivement ce qui se passera – mais plus tard et plus lentement que ne le promet la nouvelle économie. On pense à l'époque qu'il s'agit de délimiter le plus rapidement possible des concessions aussi grandes que possible dans ce nouvel eldorado des technologies liées à Internet[1]. On n'achète que trop volontiers ces concessions – ou les actions d'entreprises ayant un lien avec l'Internet – à quelques chanceux, idoles du moment ou tout simplement escrocs. La plupart disparaitront entretemps, même si quelques géants de la tech très rentables comme Amazon, Google ou Tencent sont issus de cette ruée vers l'or.

Participer au boom de la nouvelle économie signifie alors associer son produit ou ses services à l'Internet. Toutes les conférences de presse d'entreprises informatiques internationales auxquelles j'assiste à l'époque commencent par la même déclaration fervente du ou des CEO : « The Internet changes everything ». Le fabricant de serveurs Sun Microsystems se donne le slogan, aujourd'hui un peu délirant, « We are the dot in Dotcom ». Logiquement, la question des journalistes des médias économiques lors des conférences de presse des éditeurs de logiciels suisses est classique : « Et quand allez-vous entrer en bourse ? »

Jusqu'à l'éclatement de la bulle Internet, les banques, les conseillers et les sociétés d'investissement se passeront littéralement le mot en matière d'entreprises suisses de logiciels. Après tout, les introductions en bourse et les ventes d'entreprises rapportent gros, et les banques qui veulent profiter des fantaisies d'Internet peuvent se profiler sur le SWX New Market, une bourse qui vient d'être créée à l'époque et qui n'aura qu'une brève existence.

17

À la poubelle

Si Abacus, déjà à l'époque de loin le numéro un sur le marché suisse des logiciels pour PME, existe encore aujourd'hui, c'est en grande partie parce qu'à Saint-Gall, on ne s'est guère laissé impressionner par l'effervescence liée à la nouvelle économie. «Claudio marmonnait à chaque fois 'encore un', me montrait la lettre de la banque, du conseiller ou de la société d'investissement et la jetait dans la corbeille à papier. Nous aurions pu vendre Abacus chaque semaine», me confie Daniel Senn, ancien directeur du développement, aujourd'hui président du conseil d'administration et l'un des quatre principaux actionnaires d'Abacus. Les quatre propriétaires d'Abacus, Claudio Hintermann, Daniel Senn, Eliano Ramelli et Thomas Köberl, ne croient pas à une entrée en bourse et, surtout, n'ont aucune envie de vendre leur entreprise.

Pourquoi résistent-ils tous les quatre à la tentation de devenir très vite très riches? Et pourquoi ignorent-ils les sirènes des investisseurs qui leur promettent d'utiliser leur argent pour se développer à l'international, racheter d'autres entreprises et devenir un géant européen du logiciel? Non seulement les quatre propriétaires décident de ne pas accepter de telles propositions, mais – comme ils le confirment unanimement, ainsi que tout leur entourage – ils ne s'y intéressent même pas. Les lettres finissent à la poubelle, les tentatives de contact sont ignorées.

«Il y a eu beaucoup de demandes et beaucoup d'offres. Mais nous n'en avons jamais discuté. Car nous savions qu'après une entrée en bourse, nous ne pourrions plus travailler comme nous le voulions. Si nous avions vendu l'entreprise, nous n'aurions plus pu faire ce que nous voulions, et nous aurions dû partir. Qu'aurions-nous fait après?», raconte Eliano Ramelli. Chez

Abacus, on connait très bien les produits de Miracle. «Mais quand Miracle a annoncé son entrée en bourse, nous n'avons pas compris», déclare le directeur financier de longue date d'Abacus. L'augmentation du cours boursier de son petit concurrent de 240 à 430 francs fin novembre 1999 l'effraie. Ce qui le dérange, c'est que les premiers arrivés gagnent beaucoup d'argent, comme dans une vente pyramidale, alors que les derniers en perdent.

Encore aujourd'hui, le CEO d'Abacus, Claudio Hintermann, s'énerve lui aussi contre les personnes qui ont introduit Miracle en bourse: «Tout le monde savait que c'était une crétinerie. Les banques qui ont introduit Miracle en bourse le savaient aussi.» Il explique, tout comme son ami d'enfance Ramelli, pourquoi ses collègues et lui n'ont jamais pensé à vendre l'entreprise. «Qu'aurions-nous fait si nous avions vendu Abacus? Nous ne savions rien faire d'autre.» Un point décisif toutefois, c'est que même après les 15 premières années, leur joie de voir Abacus s'épanouir en toute indépendance reste intacte. Daniel Senn l'explique ainsi: «Nous étions comme une famille et nous voulions préserver cela. Bien sûr, nous avions tous besoin d'argent, mais nous n'étions pas pauvres non plus. J'avais une maison, une voiture et ma famille. Je pouvais me permettre de voyager avec les miens pendant trois semaines à travers les États-Unis. Aucun de nous ne voulait d'un yacht en Méditerranée.»

Pour Thomas Köberl, c'est un peu moins facile. Faisant partie du trio de fondateurs originaux, il était responsable du marketing et donc de la perception extérieure d'Abacus depuis les premiers jours de l'entreprise. «Lorsque Miracle a annoncé la nouvelle version du logiciel avec tambours, trompettes et le soutien de professeurs d'université, cela m'a fortement troublé. Il faut admettre que nous lorgnions un peu vers Langenthal. En tout cas, j'étais impressionné. Miracle faisait la une des journaux télévisés.»

Dennis Strassmann, support gestion de projets, chez Abacus depuis novembre 2022.

Les Saint-Gallois ne restent pas totalement insensibles face à l'effervescence liée à la nouvelle économie. En février 2000, lors de la toute première conférence de presse de l'entreprise, Abacus annonce le lancement de sa propre solution de commerce électronique. AbaShop ne fonctionne qu'en relation avec la gestion des commandes et la solution de facturation AbaWorX. La décision de créer ce logiciel pour répondre aux promesses du nouveau monde d'Internet a manifestement été précipitée. Nicolas Guillet, l'un des développeurs de la première heure chez Abacus, raconte: «Claudio a convoqué une conférence de presse en toute hâte, et nous avons eu six semaines pour présenter quelque chose devant la presse spécialisée. Il nous a ensuite fallu des années pour faire le ménage dans ce logiciel.»

La chute de Miracle

Thomas Köberl n'enviera pas longtemps le succès de Langenthal. Dès décembre 1999, les premiers clients de Miracle interrompent leurs projets. En mars 2000, d'autres clients se plaignent de l'absence de certaines fonctionnalités. Miracle doit stopper certains projets de développement et augmenter le personnel pour améliorer sa solution de base. À cette époque, l'entreprise a encore une valeur boursière de plus d'un milliard de francs. Peu après, le cours chute de 36%. À la hâte, Miracle met encore en place une organisation internationale, mais ne réalise qu'un chiffre d'affaires de 6,9 millions de francs au cours des trois premiers mois de l'année 2000, perdant 16,6 millions. Le cours de l'action continue de baisser.

En juillet, le fabricant mondial de machines de construction Ammann, client de Miracle, annonce une plainte contre l'éditeur de logiciels. C'est le véritable coup de grâce: huit mois seulement après son entrée en bourse, Miracle doit se mettre à la recherche d'argent frais. Elle le trouve auprès de Credit Suisse First Boston, la grande banque ayant introduit la société de Langenthal en bourse. Mais rien n'y fait. Dès le 26 octobre 2000, le couperet tombe. Le conseil d'administration décide de liquider l'entreprise et de licencier 318 personnes.

Le plus étonnant dans cette affaire est l'enthousiasme que les représentants de Miracle ont réussi à susciter auprès des médias et du secteur financier – grâce en particulier à son argument d'un logiciel «orienté objet» et d'une avance technologique d'un an et demi à deux ans sur la concurrence. Un des facteurs qui a stimulé sans doute cette ferveur était la mention, répétée à l'envi, que l'entreprise travaillait en collaboration avec un «Institut Gluschkow de cybernétique» à Kiev. C'est ainsi que, quelques jours avant l'entrée en bourse, le journaliste économique Rüdi Steiner, qui s'y connait tout à fait en technologie en tant qu'ancien journaliste du magazine *Computerworld,* jubilait dans la *Handelszeitung*: «La nouvelle version (du logiciel Miracle), disponible depuis fin 1997, est la première solution d'entreprise à être orientée objet de bout en bout. En clair, cela signifie que le logiciel se compose de nombreux petits programmes (appelés objets). Chacun d'entre eux assume une fonction. L'étendue des fonctions souhaitées peut ainsi être définie de manière dynamique par le client, à l'instar d'une composition florale ou d'une corbeille de fruits. La jeune pousse suisse se distingue ainsi considérablement des systèmes ERP monolithiques des principaux fournisseurs tels que Baan, JD Edwards, Oracle, Peoplesoft ou SAP.»

«L'idée de Miracle XRP était très attrayante», me confirme Dieter Fischer, chargé de cours à la Haute école spécialisée du nord-ouest de la Suisse à l'époque, et participant à de nombreux projets informatiques. En effet, au lieu d'acheter un énorme système complet, qui n'aurait jamais été tout à fait adapté, et de prendre des années pour le mettre en place dans l'entreprise, on pouvait commencer par une petite partie. Bien que convaincu par ce concept, Dieter Fischer ne recommandera jamais l'achat de Miracle en raison de l'absence de projets de référence réussis.

En réalité, si la solution Miracle XRP est moderne, elle n'est pas aboutie – ce que l'on sait parfaitement à Langenthal. En 1998, Miracle a en effet confié une étude à Eric Scherer et son équipe, aujourd'hui spécialiste renommé des logiciels de gestion, qui vient juste de terminer ses études à l'EPF Zurich. Eric Scherer doit comparer le nouveau logiciel de Miracle à ceux de ses principaux concurrents, comme SAP. Il doit ainsi déterminer combien d'exigences de trois ou quatre secteurs sont remplies par Miracle et combien par les logiciels concurrents. Et il doit évaluer l'ampleur du potentiel commercial de Miracle.

Le résultat est décevant : alors que les leaders du marché comme SAP peuvent couvrir jusqu'à 90 % des processus clients en standard, Miracle n'en couvre que 35 à 40 %. Satisfaire les exigences d'un secteur est un travail de titan pour les conseillers et les programmeurs, même si la solution est technologiquement moderne et flexible. En effet, il faut comprendre exactement comment ce secteur fonctionne et reproduire ces processus dans la solution. Avec les capacités de programmation prévues par Miracle, trois à huit ans seraient nécessaires aux équipes de Langenthal pour atteindre le niveau fonctionnel de la concurrence. Le potentiel de marché calculé par Eric Scherer est également massivement inférieur à celui que Miracle et la banque qui l'accompagne indiqueront ultérieurement. Miracle envoie alors ses avocats qui obtiennent des auteurs de l'étude qu'ils détruisent leurs exemplaires et gardent leurs conclusions secrètes. Ce n'est qu'à l'été 2022, plus de vingt ans après le naufrage de Miracle, qu'Eric Scherer me raconte cette histoire lors d'un déjeuner à Zurich.

Miracle était tombée dans un piège. Comme le logiciel n'était pas prêt, il fallait résoudre les problèmes de tous les clients au moyen de solutions individuelles. Après l'entrée en bourse, il fallait en outre générer rapidement du chiffre d'affaires, alors que parallèlement les premiers clients étaient de plus en plus mécontents. La cotation boursière s'est révélée être un désavantage, car la presse, devenue très critique, y regardait désormais de plus près. La chute était inévitable.

Fantastic, Complet-e et Think Tools disparaissent également

En mars 2000, la bulle des dotcoms[7] éclate aux États-Unis. En Suisse et en Allemagne aussi, les cours des idoles du web et des softwares sont mis sous pression. Fantastic n'a pas atteint ses objectifs en termes de chiffre d'affaires et de bénéfices, la perte de valeur de ses actions s'accélère. Au début du mois de novembre 2000, Fantastic est encore assise sur un beau capital propre de 100 millions de francs, qui aura fondu d'ici décembre 2023. Puis l'entreprise est liquidée – pour environ un centime d'euro par action.

Complet-e ne tient pas plus longtemps que Miracle: dès le dimanche précédant l'entrée en bourse, le 25 octobre 1999, la *Sonntagszeitung* révèle que des boursicoteurs, ayant déjà échoué avec des distributeurs de frites, sont impliqués dans l'affaire. Ce n'est pas tout: une filiale appelée Runsoft, qui programmait WinOffice depuis des années, présente un surendettement massif. L'entrée en bourse est un échec, Complet-e annonce porter plainte contre la *Sonntagszeitung* – annonce qui reste lettre morte. En mars 2000, Complet-e rachète aussi un petit éditeur de logiciels allemand similaire, Mention. Quelques mois plus tard seulement, Daniel J. Schwarzenbach et son directeur financier quittent le navire. Et dès le début du mois de septembre 2000, l'entreprise doit annoncer des licenciements collectifs et un redressement. En novembre 2000, Complet-e, au bord de la faillite, est reprise par la société de conseil Pragmatica. Le logiciel lui-même survivra à cette débâcle: sous le nom de Winoffice Prime – désormais à nouveau en mains privées –, il sera développé pour devenir aujourd'hui une solution commerciale suisse de taille moyenne pour les PME.

L'échec le plus spectaculaire est celui de l'entreprise Think Tools d'Albrecht A. C. von Müller, le «maître à penser des topshots» *(Bilan).* Le 24 mars 2000 – exactement trois jours avant que l'indice technologique américain n'atteigne son sommet pour s'effondrer à nouveau – les actions du logiciel de «gestion innovante des connaissances» se négocient pour la première fois en bourse. Le premier jour, la société triple presque sa valeur théorique à plus de 2,5 milliards de francs. L'envolée se poursuit jusqu'à la fin de l'année, malgré le krach des dotcoms aux États-Unis. Pas étonnant: là aussi, les nouvelles sont trop bonnes. La banque Vontobel, qui a introduit Think Tools en bourse, annonce qu'elle souhaite construire sa nouvelle et future banque en ligne à l'aide de Think Tools. Fin août, l'entreprise cite le Pentagone comme nouveau client. Mais à partir de 2001, la situation ne cesse de se dégrader et la presse devient plus critique. Vontobel abandonne son projet de banque en ligne et Think Tools annonce peu après une perte colossale. Tandis qu'on remplace les patrons et remanie la stratégie, les pertes restent. Certains actionnaires menacent de porter plainte, d'autres clients laissent tomber les «outils de réflexion». En été 2001, Think Tools rachète à bas prix les actions des investisseurs lésés. Fait d'autant plus spectaculaire, le conseil d'administration et la direction gagnent plus que le chiffre d'affaires de l'entreprise en 2001. Tout prend fin en mai 2004, lorsque Think Tools

Pragmatica: Société zurichoise de conseil en informatique. Rachète en novembre 2000 la société Complet-e cotée en bourse, et veut devenir «l'IBM des PME». Aujourd'hui redevenue une société zurichoise de conseil en informatique.

est rachetée par RedIT, un distributeur d'ordinateurs et d'imprimantes de Zoug, qui obtient ainsi à bon compte une cotation en bourse. Mais ce deal ne portera pas chance à RedIT, aujourd'hui redevenu un prestataire de services informatiques normal en mains privées.

Un sauveur de Suisse centrale

Tout ne se termine pas avec l'annonce de la liquidation de Miracle le 26 octobre 2000: Otto Ineichen, entrepreneur modèle très actif et futur conseiller national, fait une apparition pour tenter un sauvetage. Début novembre, il annonce la création de la société New Miracle qui lui succédera et qui reprendra les droits sur les logiciels et la clientèle de Miracle. L'ancien manager de Schindler et ambassadeur suisse en Chine, Ueli Sigg, est également à bord. Selon l'article clairvoyant de Daniela Decurtins dans le *Tages-Anzeiger*, l'entreprise de logiciels Bison, basée à Sursee, est également impliquée dans les coulisses. Bison serait intéressée par la solution et surtout par les développeurs de logiciels de Miracle.

«Otto Ineichen s'est présenté comme le sauveur du secteur du software», m'explique Martin Riedener, membre de la direction d'Abacus à l'époque: «Il nous a invités à Langenthal. Claudio, Daniel, Thomas et moi y sommes allés. Il nous a dit qu'il fallait maintenant choisir son camp et sauver Miracle, c'est-à-dire investir. Faute de quoi, la réputation de l'ensemble de la branche du software s'effondrerait. Après une demi-heure de discussion, il a dit qu'il devait retourner gouverner à Berne et a disparu.» Pour Abacus, l'affaire est réglée avec ce voyage à Langenthal – pour le secteur suisse du software, l'histoire ira plus loin.

Otto Ineichen: Entrepreneur modèle et conseiller national à partir de 2003. Veut sauver Miracle et conquérir le monde avec Bison. Les deux projets échouent. Décède en 2012.

Bison Group: Créé en août 2000 à partir de différentes entreprises d'informatique et de logiciels dans l'environnement de la fédération des coopératives Fenaco. Aujourd'hui filiale à 100 % de Fenaco et prestataire de services informatiques et logiciels pour le grand groupe agricole.

Dès les premières semaines, un vent froid souffle sur New Miracle. Abacus annonce dans le journal économique *Cash* qu'elle offre sa propre solution gratuitement la première année aux clients en fuite de Miracle. Bison fait savoir au même endroit qu'elle n'est «pas intéressée par Miracle», et le grand groupe allemand SAP déclare qu'il «négocie avec plusieurs clients de Miracle». En février 2001, New Miracle annonce une nouvelle version du logiciel, mais déclare également avoir besoin de plus d'argent. Deux mois plus tard, en avril 2001, c'est déjà la fin. New Miracle licencie ses 42 personnes, et stoppe le développement de logiciels. Et Bison finit par faire une offre aux développeurs.

Bison ou l'argent envolé des paysans

Miracle n'est pas la seule aventure d'Otto Ineichen dans le monde des logiciels: son entreprise Otto's se proposera comme client pilote pour le logiciel de Bison, une société censée être à la pointe de la technologie et orientée vers les processus de bout en bout. Une bonne dose de patriotisme local pèsera vraisemblablement dans la décision de lancer un logiciel qui n'existe pas encore. Bison, comme Otto's, est chez elle à Sursee. Mais ce patriotisme local a déjà coûté cher au groupe mondial Ammann, de Langenthal, avec sa décision en faveur de Miracle, de Langenthal.

Le projet Bison débute en août 2000, avant même le naufrage de Miracle et de Fantastic. Comme Miracle et Complet-e auparavant, l'objectif est de concurrencer SAP et de trouver de nouveaux investisseurs. Et l'on fabule sur le marché mondial. En réalité, peu de temps après sa création, la majorité de Bison est détenue par la fédération de coopératives agricoles Fenaco (Landi, Agrola et d'autres encore).

Otto's abandonne discrètement le projet Bison à l'automne 2004. Le logiciel de la filiale de Fenaco n'aura jamais fonctionné. Ce sera le premier récit exclusif du nouveau média en ligne *Inside IT* que j'ai lancé avec Hans Jörg Maron le 1er octobre 2004. Au cours des dix années suivantes, Bison persévère, rachetant des entreprises de logiciels en Suisse et en Allemagne, se présente sur de grands stands au CeBIT, la plus grande foire informatique du monde, et construit un nouveau bâtiment chic et ultramoderne à Sursee. Pendant ce temps, au fil des ans, Fenaco amortit ses prêts accordés à Bison – soit 285 millions de francs jusqu'en 2013.

Ce n'est qu'en 2014 que la fédération des coopératives agricoles, un secteur sous perfusion constante des subventions, tire la sonnette d'alarme. On se sépare alors du patron de longue date de Bison, Ruedi Fehlmann, on reprend entièrement l'entreprise et on réduit sa taille. En 2014, le logiciel est introduit comme solution pour les coopératives Landi. Si l'on tient compte de tous les aspects, cette aventure logicielle doit avoir coûté environ un demi-milliard de francs à la paysannerie et donc, en fin de compte, aux contribuables – personne ne l'a remarqué, personne n'a protesté.

Après l'effervescence

Aucun des protagonistes derrière Miracle, Fantastic, Think Tools, Complet-e ou Bison ne sera jamais appelé à rendre des comptes. Seule la banque Vontobel, qui avait introduit Think Tools en bourse et l'avait fait monter en flèche avec l'aide bienveillante de célébrités telles que Klaus Schwab (WEF), Flavio Cotti (ex-conseiller fédéral) et Thomas Schmidheiny (alors patron de Holderbank, aujourd'hui président honoraire de Holcim), soulagera sa conscience en faisant don au Comité international de la Croix-Rouge du bénéfice de l'entrée en bourse (21,3 millions de francs). Les fondateurs de Miracle, Peter Niederhauser et Peter Schüpbach, se lanceront ensuite avec succès comme investisseurs. Peter Niederhauser est l'un des fondateurs de la société de capital-risque Redalpine. En 2015, cette dernière investit dans la start-up de logiciels Easysys (qui deviendra Bexio), au conseil d'administration de laquelle siège son ancien collègue Peter Schüpbach. Après quelques tours de financement, Bexio est vendue en 2018 à l'assurance La Mobilière – pour un montant supposé de 115 millions de francs.

La folie de la bulle Internet a jeté le discrédit sur le secteur du software dans le monde entier, y compris en Suisse. Pendant de nombreuses années encore, elle n'a plus été prise au sérieux.

Notes

1 Internet est un ensemble de réseaux informatiques d'envergure mondiale. Il donne accès à des services comme le courrier électronique, à des services de messagerie comme Signal et au World Wide Web.

2 Bulle des dotcoms (ou bulle Internet) : bulle spéculative autour des entreprises de la nouvelle économie. Son éclatement a provoqué une brève récession dans les pays industrialisés à partir de mars 2001. En Suisse et en Europe, l'image des métiers de l'informatique et de la branche informatique a également été ternie.

« Un paquet de bâtonnets de poisson coûtait 2 francs 80 »

Comment Abacus est né, a failli faire faillite, puis a rapidement percé sur le marché suisse. Et quel est le rapport avec les bâtonnets de poisson, le squash et les machines de comptabilité mécaniques.

Les premiers mois et années de l'histoire de l'entreprise regorgent d'anecdotes que les fondateurs d'Abacus aiment raconter inlassablement, toujours de la même manière. Les journalistes de divers médias et magazines les adorent. Celle de la «chambre d'étudiant», ou «coloc' d'étudiants» revient toujours. Comme la blague du garage: dans les années 1980, sur le modèle californien, toute start-up de logiciels se doit d'être créée dans un garage (comme l'avaient fait Messieurs Hewlett et Packard). «We didn't start in a garage because we couldn't afford a garage», une déclaration évidemment bien accueillie par le magazine *Flexilines* destiné à la clientèle du partenaire américain Data Access Corporation. Des décennies après la création d'Abacus, on lira encore les réminiscences de Claudio Hintermann dans la *Neue Zürcher Zeitung* (NZZ) du 6 septembre 2002: «Nous avons commencé dans un appartement d'étudiants, parce que nous n'avions pas d'argent pour un garage. Sinon, nous aurions bien sûr – comme il se doit pour une entreprise informatique – commencé dans un garage.»

Abacus Research AG est fondée le 21 janvier 1985 par Claudio Hintermann, Eliano Ramelli et Thomas Köberl – Daniel Senn, le quatrième du groupe, les rejoint un peu plus tard. Le premier et jusqu'à présent unique investisseur, l'agent fiduciaire bernois Georges Winkler, est également à bord. Que leur choix se porte sur le secteur du logiciel est un hasard, cela aurait pu être n'importe quoi d'autre, affirme aujourd'hui Claudio Hintermann. En effet, il s'agit en premier lieu pour les trois amis – tous diplômés de la Haute école de Saint-Gall (HSG) – de prolonger leur vie d'étudiant et d'essayer quelque chose par eux-mêmes, au lieu de commencer leur carrière comme tout le monde dans une grande entreprise. Ils préfèrent continuer à aller au cinéma pendant la journée plutôt que de se soumettre à des horaires de travail réguliers.

William Hewlett et David Packard: Fondateurs de la société d'électronique HP en 1939. Lancent la première calculatrice de poche en 1972. L'entreprise est scindée en deux en 2015. HP Inc. est aujourd'hui l'un des plus grands fabricants de PC et d'imprimantes au monde.

Mais l'histoire commence bien avant cela, en 1974, plus exactement, au collège de Sarnen, où Claudio Hintermann et Eliano Ramelli sont les seuls Tessinois, donc les seuls italophones. Ils passent leur maturité commerciale, puis partent ensemble à Saint-Gall, à la HSG, où ils font la connaissance de Thomas Köberl. «Nous nous sommes rencontrés le premier soir du premier semestre à la table de cuisine de Mama Rüegg dans la maison d'étudiants. J'ai découvert les intérêts multiples de Claudio. Il s'intéressait aux films et à la musique, moins aux études. Il ne suivait pas les cours. J'ai donc été très utile, car moi j'y allais, je prenais des notes et Claudio m'expliquait ensuite ce que j'avais noté. Une situation gagnant-gagnant», déclare Thomas Köberl avec la modestie qui le caractérise. Le magazine *Bilan* le décrira plus tard comme l'un des «masterminds» derrière Abacus, mais il continue aujourd'hui encore à fuir les projecteurs.

Tous les trois restent ensemble et terminent leurs études à la HSG en 1983. Ils rédigent leur mémoire sur un ordinateur personnel Apple. Un luxe rendu possible par Eliano Ramelli qui avait persuadé son beau-frère, propriétaire d'une fabrique de fenêtres au Tessin, de leur en procurer un. En contrepartie, lui et Claudio Hintermann devaient lui programmer une solution pour la production de fenêtres et une comptabilité. «Nous avons appris à programmer nous-mêmes», raconte Claudio Hintermann, qui travaille en parallèle à ses études comme vendeur chez Computerschiff, un revendeur de PC à Saint-Gall. Eliano Ramelli et Claudio Hintermann s'y connaissent également en comptabilité. Leur job d'étudiant consiste à saisir les opérations commerciales des dix dernières années d'une société d'amélioration foncière des Grisons à l'aide d'une machine comptable mécanique de Ruf.

Des asperges? Des raquettes de squash? Un logiciel?

«Nous ne savions pas vraiment ce que nous allions faire après nos études», explique Thomas Köberl. Non seulement Claudio Hintermann et Eliano Ramelli ne savent pas quoi faire de leur vie à l'époque, mais en plus ils sont fauchés. Heureusement, leur propriétaire accepte de reporter leur loyer. Eliano Ramelli a aussi besoin d'argent car il voudrait enfin apprendre l'anglais à l'étranger – ce qui ne s'est toujours pas fait à ce jour. Claudio Hintermann: «Nous voulions faire quelque chose ensemble. On aurait pu planter des asperges.» Ils ne sont jamais devenus des cultivateurs d'asperges, mais des vendeurs d'articles de sport totalement ratés: après un stage en Angleterre, Claudio Hintermann et Thomas Köberl importent en Suisse les raquettes de squash d'un célèbre joueur pakistanais nommé Khan. Aucun des équipements sportifs ne se vendra. La tentative de gagner de l'argent avec des logiciels a un peu plus de succès. En 1984, ils écrivent un programme pour un bureau de change à Schaffhouse (Eliano Ramelli: «Ça a été vite réglé»). Claudio Hintermann décroche un autre contrat avec le revendeur de PC saint-gallois Computerschiff: une comptabilité des titres avec une comptabilité financière (Cofi)[3] simple. «Nous avons proposé la solution pour 10 000 francs en spéculant sur la possibilité de la vendre plusieurs fois.» Mais Computerschiff veut les droits sur le logiciel, et l'accord n'est pas conclu. Reste l'idée de concevoir une Cofi et de multiplier sa vente.

Dès le début des années 1980, l'idée de créer une entreprise de logiciels pour PC est dans l'air. Les ordinateurs personnels sont certes encore rares en Suisse, mais acheter pour peu d'argent une machine que, jusqu'à récemment, seules les grandes entreprises peuvent s'offrir est une vision qui séduit[4].

Beat Völke, Controlling & Reporting, chez Abacus depuis 1992.

La programmation, devenue un hobby répandu, se convertit aussi en idée commerciale pour les élèves et étudiants technophiles. En 1984, il existe déjà toute une série de programmes de comptabilité pour PC, mais Claudio Hintermann assure être capable de concevoir une meilleure solution. Il raconte: «J'ai regardé ce truc et j'ai trouvé que c'était n'importe quoi. Le problème, c'était que les gens savaient programmer, mais ne comprenaient pas le sujet. Eliano et moi le comprenions. J'ai expliqué les programmes à la clientèle de Computerschiff. Ce faisant, j'ai vu comment cela fonctionnait, ce qui était bon et ce qui ne l'était pas.»

C'était décidé: on allait donc créer une entreprise de logiciels. Eliano Ramelli et Claudio Hintermann ont un plan: programmer une Cofi d'ici décembre 1984, après quoi on vendrait 1000 unités en peu de temps et on apporterait peut-être quelques petites modifications par la suite. Il ne manque plus que les PC sur lesquels écrire les programmes. Eliano Ramelli se souvient: «Claudio a réussi à trouver deux PC chez Büro Witzig qui venait de se lancer dans le commerce des PC. L'entreprise a mis deux appareils à notre disposition. Et nous avons commencé à programmer. Jour et nuit.» Un certain Beat Bussmann contribue également aux premières versions du logiciel financier, comme on peut le voir sur la capture d'écran de l'écran d'accueil de la version 3.20 d'Abacus du 14 mars 1985.

En septembre 1984, ils acquièrent leur premier client, une fiduciaire. Peu de temps après, un autre client suit, l'entreprise actuelle sia Abrasives Industries AG. Mais il leur manque quelqu'un qui, dans la future entreprise, ne s'occuperait pas seulement des manuels et des présentations marketing, mais apporterait aussi stratégie et constance à l'entreprise. Logiquement, ce sera Thomas Köberl. Ce dernier fait un stage à Paris en 1984. Claudio Hintermann, qui doit absolument faire une pause de programmation, décide de rendre visite à sa sœur en

Beat Bussmann: Fonde en 1988 l'entreprise de logiciels Opacc qui opère aujourd'hui avec succès sur le marché suisse des logiciels de gestion et emploie plus de 200 personnes.

Californie et de faire un saut à Paris chez son ami d'études et de colocation sur le chemin du retour. Thomas Köberl: «Claudio avait besoin de quelqu'un d'un peu plus ordonné. C'était déjà le cas dans notre coloc'. Il cuisinait bien et c'est moi qui nettoyais la cuisine après. Claudio m'a raconté avec enthousiasme qu'il avait déjà des retours positifs des premiers utilisateurs. Et qu'ils vendraient certainement 1000 programmes la première année.» Thomas Köberl accepte. «Après les études, c'est le moment idéal pour lancer une entreprise. Nous n'avions rien à perdre et nous nous sommes lancés dans l'aventure de manière assez détendue», raconte Thomas Köberl avec le recul.

Bâtonnets de poisson et petits boulots

Les trois font donc équipe, ont un produit plus ou moins fini et un plan. Mais l'argent et le savoir-faire nécessaires à la création d'une entreprise font défaut. Le hasard, combiné à la capacité de Claudio Hintermann à convaincre les gens, leur vient une fois de plus en aide. Il fait la connaissance de l'agent fiduciaire bernois Georges Winkler par l'intermédiaire du frère de ce dernier. Georges Winkler est convaincu du potentiel des ordinateurs personnels et de l'idée d'automatiser le travail de comptabilité à l'aide d'un ordinateur. Son premier projet de programme de comptabilité pour PC s'était soldé par une déception, car le programmeur grec s'était enfui dans son pays natal avec le logiciel, comme me le racontera son fils, Peter Winkler, aujourd'hui membre du conseil d'administration d'Abacus, lors d'un déjeuner. Georges Winkler assiste à une démonstration du programme des Saint-Gallois et décide de fonder une société avec Claudio Hintermann, Thomas Köberl et Eliano Ramelli. Il apporte 47 000 des 50 000 francs de fonds propres nécessaires et garantit aux trois fondateurs qu'ils pourront lui racheter plus tard leur part d'actions à leur valeur nominale.

En janvier 1985, ils fondent à eux quatre Abacus Research AG. Peu après, Eliano Ramelli part en vacances avec sa petite amie («c'est elle qui a payé»). Claudio Hintermann: «Je suis resté seul dans l'appartement et j'ai programmé jour et nuit. Il le fallait, car le compilateur[5] avait besoin d'une demi-heure à chaque fois pour traiter une modification. Je piratais, je compilais et quand ça bipait, je me réveillais.»

L'entreprise nouvellement créée verse aux trois jeunes entrepreneurs un salaire de 2000 francs par mois. Au bout de cinq mois, une bonne moitié du capital initial est consommée, et le fiduciaire et actionnaire principal Georges Winkler cesse de payer les salaires pour éviter la faillite. Étonnamment, cela réveille les diplômés de la HSG qui réduisent alors radicalement leur train de vie. Claudio Hintermann: «C'est pourquoi je me souviens du prix des bâtonnets de poisson: 2 francs 80 par paquet de dix pièces.» Pour les trois camarades, ce régime strict n'est pas un problème existentiel. Claudio Hintermann: «Au pire des cas, nous aurions cherché un job.» Et de toute façon, manquer d'argent était plutôt normal pour eux, me raconte Eliano Ramelli plus tard. Thomas Köberl décide aussi de se rattacher à l'entreprise de son père. Thomas Köberl: «Je suis allé monter des machines et Abacus a facturé mes heures.» Eliano Ramelli se souvient d'un autre petit boulot: «Nous compilions les cours boursiers pour une grande entreprise hollandaise et gagnions ainsi un peu d'argent.» Même le loyer – Thomas Köberl ayant entretemps emménagé dans la colocation – n'est plus payé, ou seulement sporadiquement. Visiblement, leur propriétaire fait montre de compréhension et de confiance à la fois. Thomas Köberl: «C'est comme ça qu'on s'en sortait – grâce aux bâtonnets de poisson. Et on continuait à travailler.» Eliano Ramelli raconte un peu la même histoire: «Nous n'avions de toute façon pas beaucoup d'argent et nous savions que nous devions travailler. Lorsque nous montrions notre logiciel aux clients, nous les voyions ouvrir de grands yeux. C'était notre récompense.»

Les fondateurs d'Abacus ont de la chance car ils entrent sur le marché au bon moment. Le PC commence à s'imposer dans le monde des affaires à partir de 1985. Selon le magazine *Computerworld*, il y a, fin 1985, environ 200 000 ordinateurs en Suisse, dont déjà 55 000 PC. Le supplément de la *NZZ* «Forschung und Technik» consacré au salon informatique Swissdata 85 comporte 22 pages, dont quatre et demie de texte et le reste d'annonces pour des ordinateurs et des accessoires. Pour la première fois, le salon bâlois aborde le thème des «logiciels pour domaines d'application généraux». Le marché des PC est en plein essor.

Claudio Hintermann, Eliano Ramelli et Thomas Köberl investissent les premiers revenus dans leur premier siège social et emménagent en août 1985 dans un bureau de la Rorschacherstrasse à Saint-Gall. Le même été, Abacus acquiert un premier gros client et, plus important encore, un partenaire de distribution. M-Informatic, filiale de Migros, décide de distribuer des PC avec le logiciel Abacus dans ses cinq shops d'informatique. Toutefois, à l'époque, il n'existe, en tant que produit plus ou moins fini, que la comptabilité financière. Tous les autres programmes, tels que la comptabilité des salaires, des débiteurs et des créanciers, n'existent que sur papier et dans la tête des jeunes entrepreneurs. Abacus n'est pas encore connu sur le marché. En mai 1985, *Computerworld* publie un grand rapport sur les développeurs de logiciels suisses. Les Saint-Gallois n'y sont pas mentionnés.

Peu de temps après, Abacus investit massivement dans le marketing. En mai 1986 déjà, on s'offre des annonces dans l'*Expert-comptable suisse* et en octobre 1986, on place une annonce d'une page en couleur dans *Computerworld*. La diffé-

M-Informatic SA: Entreprise de commerce de PC fondée en 1985 par Migros, avec des filiales à Zurich, Bâle, Berne, Lucerne et Saint-Gall. Vend des PC de Olivetti et de sa propre marque MC. Suite aux pertes essuyées, les magasins ferment en 1989.

rence avec la concurrence, qui vante ses logiciels dans de minuscules annonces en noir et blanc – dont certaines sont de simples photos de listes de prix produites avec des imprimantes à aiguilles – est frappante. En 1986, Abacus se présente à un salon sur le stand de Siemens, alors fabricant d'ordinateurs. La «logic» de son passage à l'action à Berne, Zurich, Saint-Gall et Lugano apparait. Un an plus tard, Abacus aura déjà son propre stand au salon professionnel de la bureautique à Bâle.

Coup de chance: l'outil de programmation Dataflex

Pour la programmation et comme base de données, Claudio Hintermann et Eliano Ramelli misent depuis 1984 sur le produit américain Dataflex. Il s'agit d'un environnement de développement de quatrième génération (4GL) à la pointe de la technologie, créé en 1982 seulement par une entreprise de Miami[6]. Les fondateurs de l'entreprise sont encore aujourd'hui convaincus que l'utilisation de Dataflex a été un choix décisif pour le succès d'Abacus. Eliano Ramelli: «Nous n'étions pas les meilleurs programmeurs. Mais avec un langage 4GL, cela vous soulage de la programmation de nombreuses routines.» Claudio Hintermann: «J'ai découvert Dataflex chez Computerschiff, alors que je devais écrire un petit programme. Dataflex était très facile à utiliser.» Toutefois, la licence utilisée par Claudio Hintermann et Eliano Ramelli appartient au revendeur de PC Computerschiff. Eliano Ramelli: «Cela signifiait donc que nous devions acheter nous-mêmes le logiciel. Mais nous n'avions pas d'argent pour cela. Nous avons donc agi en tant que distributeurs, nous avons revendu trois ou quatre licences et, avec la marge, nous avons payé notre propre licence.»

Dataflex: Base de données et environnement de développement de la société Data Access Corporation. Existe encore aujourd'hui en tant qu'entreprise privée, minuscule par rapport à ses concurrents.

Dès le début, la Cofi Abacus est conçue dans le langage des comptables. «Nous savions par exemple que les comptables aiment travailler avec le bloc-clavier. Nous faisions des logiciels que les users comprenaient», explique Claudio Hintermann. De plus, la solution Abacus est clairement structurée dès le départ. Comme chaque module a un numéro, les utilisatrices et utilisateurs savent toujours où ils se trouvent. Ce n'est pas le cas des produits concurrents. «Notre avantage, c'est que nous venions de la HSG. Et comme nous avions passé des journées entières à comptabiliser manuellement pendant notre job d'étudiant, nous savions pourquoi et dans quel but il fallait un bilan d'ouverture et un bilan de solde. Nous savions comment fonctionne une comptabilité et comment pensent les comptables», m'explique Eliano Ramelli. Il était également important de disposer d'instructions et de manuels clairs et structurés – l'œuvre de Thomas Köberl.

Le fait que Claudio Hintermann et Eliano Ramelli programment au plus près des besoins de la clientèle est sans doute l'une des raisons de la rapide percée de la Cofi Abacus. «Notre Cofi était l'un des rares programmes à fonctionner sur des ordinateurs Siemens. Siemens nous a invités à un salon, car nous n'avions pas d'argent pour notre propre stand. De retour à Saint-Gall, nous programmions encore quelques heures la nuit même et repartions le lendemain à Bâle avec la nouvelle version pour la montrer aux clients», ajoute Eliano Ramelli. Claudio Hintermann rapporte sa version: «Je sortais et montrais le logiciel. Les clients me disaient ce dont ils avaient besoin et j'intégrais la fonctionnalité le jour suivant. Lors de la démo suivante, je la vendais comme étant ma propre idée.»

Déjà vainqueur du test et déjà cher

La revue *Mikro- und Kleincomputer* publie dans son premier numéro de 1986 une comparaison entre la solution Dialog 2000 de la société lucernoise Simultan et le nouveau venu Abacus. Dialog, commercialisé par IBM sous son propre nom, est alors clairement le numéro un sur le marché suisse des logiciels de comptabilité financière pour PC. Un arrière-arrière-petit-fils du logiciel de l'époque existe encore aujourd'hui sous le nom d'Infoniqa One 200.

La comparaison se révèle désastreuse pour IBM et Simultan. Les deux auteurs trouvent des avantages pour Abacus dans presque tous les aspects. Selon eux, cette solution, plus flexible, plus complète et plus facile à utiliser, fonctionne sur différents systèmes, dispose d'un meilleur manuel et est beaucoup plus simple à installer. Ils concluent: «Pour nous, Dialog 2000 d'IBM exhale encore le parfum suranné de l'informatique de l'ancien temps». Simultan réagit de manière assez erratique aux critiques du magazine. Dans une interview accordée à *Software Trend,* un porte-parole de Simultan met en doute l'indépendance du magazine et critique la qualité de la comparaison. Le même numéro de *Software Trend* contient également un aperçu informatif des programmes de comptabilité pour PC disponibles en 1986: il y a 34 programmes différents. Et, fait remarquable, Abacus fait partie des solutions les plus chères, avec un prix de 3400 francs et des suppléments pour les centres de coûts, les monnaies étrangères et le multitenant.

Percée avec un logiciel qui n'existe pas encore: le cas M-Informatic et OBT

Le phénomène est si répandu que des expressions consacrées apparaissent en anglais: les «vaporware» ou «slideware» sont ces logiciels annoncés dans de belles présentations lors de conférences de presse ou d'événements clients – qui n'existeront peut-être jamais en réalité. Presque tous les éditeurs de logiciels présentent des programmes non terminés, car il faut toujours raconter une nouvelle histoire à la clientèle. Abacus devient maître en la matière. En tant que journaliste, il n'était pas rare que je revienne au bureau impressionné par une conférence de presse d'Abacus et que je raconte dans un bel article les dernières réalisations de Saint Gall qui changeraient le monde. Je réalisais un an plus tard que le monde des PME suisses n'avait pas changé, ou pas si vite, découvrant que la solution révolutionnaire annoncée venait tout juste d'être installée chez un client pilote.

Claudio Hintermann, Thomas Köberl et Eliano Ramelli remportent aussi leur premier succès commercial révolutionnaire avec un logiciel qui n'est pas encore prêt. À partir de 1986, la filiale de Migros M-Informatic ne vend pas seulement des logiciels Abacus, mais les distribue dans tous les magasins sous sa propre marque «MC». Thomas Köberl: «Ils nous ont payé une somme exorbitante pour l'époque pour le droit de distribuer notre logiciel sous leur propre marque MC. Une somme à six chiffres, tout de même, comme contribution au développement à la programmation d'autres applications comme le traitement des commandes, le logiciel de gestion des créanciers, des salaires, etc.» De son côté, Abacus s'engage à terminer ces modules manquants.

Un contrat-cadre est conclu en octobre 1986 avec la société fiduciaire OBT, présente dans toute la Suisse. OBT déclare qu'elle va distribuer le logiciel d'Abacus, y compris la documentation, sous le nom d'«OBT Plus». OBT paie également un bon prix, et Abacus enregistre une commande d'un peu plus d'un million de francs. Martin Riedener, alors encore chez OBT, raconte: «Thomas Köberl négociait dur – Claudio Hintermann s'étonnait de ce qu'il arrivait à obtenir. Ils nous ont même vendu la solution multi-users qui n'existait pas encore.» Comme toujours avec retenue, Thomas Köberl me raconte sa version de l'histoire: «Il n'y avait que la comptabilité financière et la comptabilité des débiteurs. Des logiciels de gestion des créanciers et des salaires étaient en cours de développement. Mais le contrat conclu portait sur tous les programmes. C'est là que nous avons été assez culottés.» En effet, dans une annexe au contrat de vente, Abacus promet de livrer sept modules, y compris la gestion des commandes, la gestion des stocks et la gestion des adresses, ainsi que des versions multi-users jusqu'en octobre 1986. Les délais prévus ne concernent que la Cofi. Il s'agit de finaliser le logiciel sans tarder.

Plus facile à dire qu'à faire, car la minuscule entreprise n'a ni l'argent ni la place dans ses bureaux pour embaucher les programmeurs nécessaires. On cherche donc des gens ingénieux pour développer les modules manquants pour Abacus, et on les paie avec une future participation au chiffre d'affaires. Le logiciel de gestion des salaires créé dans ce contexte va transformer Abacus de manière décisive et la marquer jusqu'à aujourd'hui.

«En décembre 1984, un monsieur nommé Claudio Hintermann demande à la fiduciaire dans laquelle je travaillais s'il pouvait faire des tests multi-users chez nous avec son logiciel. Nous avons engagé la conversation et je lui ai dit que je faisais des fiches de paie et des expertises fiscales dans cette entre-

OBT: Fondée en 1972 en tant que filiale d'OBTG (Ostschweizerische Bürgschafts- und Treuhandgenossenschaft). Aujourd'hui, entreprise fiduciaire et de conseil active dans toute la Suisse, comptant quelque 500 personnes et onze sites.

prise. Claudio m'a dit qu'il avait besoin d'un logiciel de gestion des salaires», raconte Daniel Senn. Il travaille dans la fiduciaire avec le logiciel de gestion des salaires Pesal de NCR Suisse, à l'époque le plus performant. Lui qui a appris le langage de programmation Fortran dès le collège et gagné son argent de poche dans le magasin d'électronique Hürlimann, est convaincu qu'il peut concevoir une meilleure solution. Daniel Senn: «Pesal m'agaçait. Il fallait présaisir les données avec les heures de travail des bénéficiaires de salaire, puis on faisait le décompte et le contrôle. S'il y avait une erreur, il fallait charger une copie de sauvegarde, la corriger et lancer un deuxième cycle de décompte. On perdait des heures pour chaque client et chaque fiche de paie.»

Contrairement aux trois fondateurs, Daniel Senn a besoin d'un revenu sûr car il est marié et a un enfant. «J'ai demandé à Claudio Hintermann combien Abacus pouvait payer. Il m'a répondu: ‹rien›», raconte Daniel Senn. Ils conviennent donc qu'il programmerait le logiciel de gestion des salaires pour son propre compte, avec son collègue Roland Neuweiler, et sur la base d'un concept de Hanspeter Hitz. Ils souhaitent partager avec Abacus le produit des futures licences. Abacus développera aussi la comptabilité des créanciers sur le même schéma.

Au moins la comptabilité des débiteurs et la solution pour les salaires d'Abacus sont installées chez les premiers clients à partir de fin 1986. Le programme de gestion des salaires a un impact immédiat. Des sociétés fiduciaires connues comme Fides, Revisuisse Zurich, bien sûr OBT St. Gallen, mais aussi de grandes entreprises industrielles et les clients de M-Informatic font l'acquisition du nouveau logiciel. La liste des premiers clients du logiciel de gestion des salaires comporte 38 entreprises. Les fondateurs d'Abacus qui, un an plus tôt, se nourrissaient de bâtonnets de poisson et dépendaient du bon vouloir de leur propriétaire, avaient réussi leur percée.

Roland Neuweiler: Vend ses droits sur le logiciel de gestion des salaires à Abacus en 1989. Poursuit ensuite une longue carrière internationale dans l'informatique. Aujourd'hui Group CIO du groupe Colosseum.

Hanspeter Hitz: Dirige jusqu'en 2013 Abacus Systems Luzern, vendue à All Consulting en 1997. Décède en automne 2022.

Notes

3 Cofi : comptabilité financière. Activité permettant de déterminer le chiffre d'affaires et le bénéfice d'une entreprise. Depuis la fin des années 1970, ce travail est effectué à l'aide d'ordinateurs. Il sera automatisé grâce aux logiciels.

4 Les ordinateurs personnels (PC) étaient nouveaux et excitants au début des années 1980. S'ils étaient encore considérés comme des gadgets dans les années 1970, les choses sont devenues sérieuses lorsque le plus grand fabricant d'ordinateurs du monde de l'époque, IBM, s'est lancé dans le business avec son premier PC en 1981. En décembre 1982, le magazine américain *Time Magazine* a même élu l'ordinateur «Man of the year». Les PC ont rapidement conquis le monde : IBM a lancé le PC XT, qui possédait un disque dur, Apple a mis sur le marché l'ordinateur domestique Lisa avec souris et Microsoft le premier simulateur de vol. En octobre 1984, Apple a fait la promotion du nouveau Macintosh en publiant pas moins de trois pages d'annonces dans la NZZ.

5 Compilateur : logiciel qui traduit en langage machine un code écrit dans un langage optimisé pour les êtres humains.

6 Par environnement de développement, on entend un ensemble de programmes permettant de développer des logiciels. Un environnement de développement contient différents outils. Ils servent par exemple à écrire, tester et compiler des programmes informatiques, à stocker, gérer et évaluer des données et à concevoir des interfaces utilisateur.

La bière du vendredi

Les premiers employés racontent la naissance d'Abacus et de sa culture d'entreprise si particulière. Et aussi dans ce chapitre : une Maserati et un voyage à Miami.

Au milieu des années 1980, le marché des ordinateurs personnels est en pleine ébullition – en Suisse aussi. Les journaux débordent d'annonces de fabricants d'ordinateurs et de logiciels qui ont presque tous disparu aujourd'hui. En 1986, le fabricant suisse de téléphones Zellweger Uster lance le premier téléphone portable de Suisse fonctionnant sur le nouveau réseau de téléphonie mobile Natel-C – le premier réseau public de téléphonie mobile lancé dans le pays par Swisscom. La promotion de l'informatique agite la scène politique. Le Conseil fédéral adopte en 1986 des «mesures spéciales en faveur de la formation et du perfectionnement ainsi que de la recherche en informatique et en sciences de l'ingénierie», et certaines personnalités politiques exigent même que l'informatique devienne une matière scolaire. Cela prend un temps invraisemblable: ce n'est qu'en 2018, soit 32 ans plus tard, que la Conférence des directeurs cantonaux de l'instruction publique décide d'introduire l'informatique comme matière obligatoire au gymnase.

Malgré le boom des PC, ce ne sont pas les jeunes entrepreneurs fougueux, avec leurs PC, Amiga et Mac bon marché, qui dominent le marché des logiciels, mais les fabricants établis de longue date comme IBM ou l'ancien fabricant de caisses enregistreuses NCR. Ce sont eux qui remplacent les programmes écrits en interne par les entreprises suisses, ou qui les équipent pour la première fois d'ordinateurs. NCR écrira la plus grande success-story de Suisse. En 1977 ou 1978, NCR introduit en Suisse les premiers systèmes multipostes, peu coûteux par rapport aux ordinateurs IBM. Pour pouvoir vendre les ordinateurs, NCR Suisse développe en même temps un logiciel de gestion. «À la fin des années 1970, NCR Suisse a commencé à développer des solutions intersectorielles, telles que la comptabilité financière. À cela s'ajoutait un software spécifique à la branche», me raconte Eugen Frei, dit «Geni». Formé comme analyste-programmeur chez NCR au début des années 1970, il

Joachim Dörrer, chef de produ t GPAO, chez Abacus depuis 1999.

dirige ensuite, entre autres, leur développement de logiciels. C'est lui qui est notamment responsable de Pesal, le logiciel de gestion des salaires au sujet duquel Daniel Senn s'est tant énervé. Eugen Frei: «Pesal était mon bébé. Un système d'information pour les ressources humaines. Nous avions environ 4000 clients, dont des banques et des communes. Jusque dans les années 2000, il y avait encore des users de Pesal en Suisse.» NCR développe des solutions sectorielles pour le commerce de détail, les banques, les communes et le commerce/l'industrie.

À l'époque, les fabricants d'ordinateurs vivent de la vente de matériel et vendent les logiciels à prix plus ou moins coûtant. Eugen Frei: «Le hardware était cher, nous avions quand même 80% pour cent de marge! Mais le software était relativement bon marché. La solution de comptabilité avec vingt postes de travail était disponible pour 25 000 à 30 000 francs. Auparavant, une telle solution aurait coûté des millions, car les clients auraient dû acheter du matériel et embaucher des programmeurs. Chez nous, le client recevait une solution clé en main qui pouvait être mise en place en deux ou trois semaines. C'est pourquoi même les petits clients ont pu faire le pas vers les technologies de l'information.»

À l'époque, Eugen Frei ne peut pas imaginer que les programmes des nerds de PC s'imposeront plus tard face aux logiciels des fabricants de matériel. «Au début, je me moquais d'eux. Après tout, ils ne faisaient que des solutions à poste unique. On ne pouvait pas aller chercher des clients avec ça», me raconte ce vétéran du secteur suisse du software. NCR connait un énorme succès en Suisse: pour un temps, la Suisse est le troisième plus grand marché au sein du groupe américain, devant l'Allemagne et la Grande-Bretagne. Mais en 1985, il y a un changement à la tête du fabricant d'ordinateurs américain. Eugen Frei: «J'ai vu que nous devions investir dans de nouvelles technologies comme les bases de données relationnelles et les outils de quatrième génération. Mais le nouveau président du groupe n'était pas d'accord.» Eugen Frei démissionne et rejoint un acteur local, Hirschmann Consulting, où il programme des logiciels de gestion standard avec vingt conseillers à la clientèle et trente développeurs de logiciels, et les vend avec du matériel de NCR, IBM et DEC. «Cela a créé un vide chez NCR, et j'ai pu récupérer beaucoup de clients NCR. Et comme notre logiciel fonctionnait aussi sur les mini-ordinateurs d'IBM, nous avons aussi pu gagner des clients IBM.» NCR reste un acteur important sur le marché suisse pendant quelques années encore, mais se retire complètement du marché local des logiciels en 1996. IBM, le concurrent de NCR, procède autrement. Avec le distributeur d'imprimantes Walter Rentsch, IBM fonde le 1er septembre 1988 la Software Research Company (Soreco). Leurs programmes allaient stimuler les ventes rentables des mini-ordinateurs AS/400 d'IBM. Les arrière-petits-enfants, arrière-nièces et neveux de ces logiciels existent encore en partie aujourd'hui.

Les premiers employés, une Maserati et la culture d'entreprise

Lorsque les premières versions de la comptabilité des salaires et des débiteurs d'Abacus sont prêtes en 1986, les trois jeunes entrepreneurs se rendent compte qu'ils ont besoin d'aide dans le domaine administratif. Le 1er novembre, Sandra Fontana est la première à rejoindre Abacus comme employée. Vingt-cinq ans plus tard, elle impressionne toujours autant: «Avec 120 à 130 appels par jour, cette commerciale pétillante s'est rapidement sentie sous-exploitée», peut-on lire dans un article du magazine clients *Pages.*

Software Research Company (Soreco): Entreprise vendue à un cadre d'IBM en 1993. En 2002, Bruno Seiler et Renato Stalder reprennent l'entreprise et la cèdent à Axon Active en 2011. Celle-ci vend à son tour le logiciel pièce par pièce. Reste une solution logicielle de gestion appelée Soreco et la solution pour PME Klara dont la majorité appartient à La Poste.

La comptabilité salariale en particulier, mais aussi le partenariat avec la société fiduciaire OBT, connaissent un succès immédiat et font rentrer de l'argent dans les caisses. De l'argent qui conduit à son tour à un événement quasi traumatisant pour les fondateurs: l'histoire de la Maserati. Claudio Hintermann, Thomas Köberl, Eliano Ramelli et Daniel Senn me raconteront souvent cette histoire – à chaque fois avec la même indignation. Le logiciel de gestion des salaires avait été développé par Roland Neuweiler et Daniel Senn. Pour rappel, ils n'étaient pas employés par Abacus, mais participaient au chiffre d'affaires. Au grand désarroi des fondateurs d'Abacus, et de son associé et père de famille Daniel Senn, Roland Neuweiler s'achète une Maserati avec sa part des premiers gros revenus générés par la vente du programme. «Roland Neuweiler a fait ses adieux en 1989. Nous lui avons payé un forfait», relate Daniel Senn. Roland Neuweiler se souvient bien de l'époque aux côtés d'Abacus: «Outre le module des salaires, j'ai développé d'autres modules pour Abacus. J'ai abandonné mes études, j'ai travaillé 24 heures sur 24 et j'ai renoncé à prendre des vacances. Le logiciel de gestion des salaires a été un énorme succès – nous faisions pression sur IBM. Mais je n'ai jamais été impliqué dans les décisions stratégiques. Comme je ne voulais plus être mis devant le fait accompli, nous avons dû chercher une solution.» Roland Neuweiler, qui est encore aujourd'hui fier de ce que lui et Abacus ont réalisé, me confie qu'il s'était acheté sa Maserati lorsque leur travail acharné a enfin généré des revenus. «Mais elle n'était pas si chère que ça.» Si les quatre fondateurs n'ont pas oublié l'épisode de la Maserati, les relations contractuelles exactes entre Abacus et la société de Daniel Senn (Pertec AG) restent obscures. «Nous n'avons jamais retrouvé le contrat», reconnait Daniel Senn.

L'entreprise, minuscule au départ, connait une croissance fulgurante. Lors du salon informatique Logic de Zurich, la société PCS AG présente le logiciel Abacus pour la première fois. Dans un article paru dans la *Schweizerische Wirtezeitung* du 21 novembre 1986, WT Wirte-Treuhand annonce qu'elle utilise la Cofi Abacus. Dans le même numéro, Abacus publie une grande annonce pour sa Cofi. En 1987, le chiffre d'affaires quadruple par rapport à l'année précédente. D'un seul coup, Abacus devient un acteur important d'un marché en croissance rapide. Les ordinateurs et surtout les PC conquièrent le monde des entreprises suisses. Pour la première fois, il se vend en Suisse plus d'ordinateurs que de machines à écrire. En septembre 1987, le secteur «Traitement des données et de l'information» occupe un tiers de la surface du salon professionnel de la bureautique de Bâle (Büfa) qui connait une croissance fulgurante. La filiale de la Migros M-Informatic, entre autres, y expose des applications financières (d'Abacus); mais Abacus elle-même y fait aussi sa première apparition. Thomas Köberl et ses camarades ont investi beaucoup d'argent dans ce projet et impressionnent le milieu. Le Bernois Donat Fritschy, qui travaillera ensuite de nombreuses années pour Abacus, est tellement impressionné par la présentation des Saint-Gallois à la foire de Bâle qu'il laisse tomber ses propres projets de programmation d'une comptabilité financière. Par rapport à l'année précédente, Büfa 87 attire deux fois plus d'exposants et 17 % de visiteurs en plus, dont la majorité s'intéresse aussi aux logiciels et au matériel informatique. Aujourd'hui encore, Abacus investit beaucoup d'argent dans le marketing et la présentation. «Nous avons préféré renoncer au salaire et faire du marketing dans le style de Bang & Olufsen (maître du design à l'époque). La concurrence pensait que nous avions beaucoup d'argent et qu'elle n'avait aucune chance. Mais en fait, nous étions simplement prêts à nous verser des salaires plus bas», m'explique Eliano Ramelli.

Abacus est alors encore très petite. En mars 1987, le mécanicien sur machines Roger Greutmann passe de M-Informa-

Roger Greutmann: D'abord responsable du matériel informatique, puis développeur de logiciels et aujourd'hui chef de projet informatique.

tic à Abacus. Plus tard, il y suit une formation de développeur de logiciels et devient spécialiste des tâches délicates. «En 1988, Claudio m'a dit que je pouvais aussi faire un peu de programmation. Les interfaces avec la comptabilité client ne fonctionnaient pas. Je pouvais y jeter un œil.» C'est ainsi que Roger Greutmann décrit ses débuts dans le développement de logiciels chez Abacus. Le 10 août 1987 – elle s'en souvient encore au jour près – Evi Raymann rejoint l'entreprise en tant que troisième employée. «Nous n'avions pas de contrat de travail, tout était très décontracté. Les fondateurs n'avaient aucun plan pour l'avenir de leur entreprise», selon Evi Raymann. Mais elle n'a jamais eu à se nourrir de bâtonnets de poisson. «Quand je suis arrivée, l'entreprise gagnait déjà de l'argent.» Evi Raymann travaille encore chez Abacus aujourd'hui – où, au début, elle «faisait tout». Après trois ans, elle prend un congé sans solde pour voyager et fait venir Simone Anderes pour la remplacer. En 1993, Renate Kohsmayer rejoint également Abacus – toutes trois font encore équipe aujourd'hui. Comment fait-on pour rester aussi longtemps dans la même entreprise? C'est ce que j'ai voulu leur demander lors d'un déjeuner. La liste est longue: il y a par exemple la bière du vendredi soir, légendaire, sur l'ancien site de la Rorschacherstrasse à Saint-Gall. «L'après-midi, on remplissait le stock de bière. Et en un clin d'œil, la fête était lancée. Nous faisions beaucoup de choses ensemble pendant notre temps libre. Nous faisions du sport, il y avait des excursions annuelles au Tessin et des week-ends de ski. Tout le monde avait à peu près le même âge. La culture de l'entreprise nous a donné de la force, nous avons grandi ensemble», résume Simone Anderes.

La culture d'entreprise est un sujet récurrent dans les discussions au sein du personnel d'Abacus. Elle se reflète notamment dans la générosité de l'entreprise. Ou dans la fête somptueuse, avec costumes «crossdressing» et spectacle de French Cancan longuement répété, ou encore dans l'invitation de tout le personnel à un stage de conduite automobile sur glace en février 1995 en Finlande – en plein boom après le passage de l'ancienne taxe sur les marchandises à la TVA. La modestie des quatre propriétaires en fait aussi partie intégrante. «Sauf quand il s'agit de vin», plaisante un collaborateur. Dès le début, alors que les employés peuvent, en principe garer leurs voitures dans le parking souterrain, les voitures de la direction restent dehors, dans la neige. Et dans les plus belles pièces du très chic nouveau bâtiment de Kronbühl se trouvent les salles de séjour du personnel, et non les bureaux des patrons.

Du hasard à la stratégie

Dès le début, Abacus vend ses logiciels de manière indirecte, c'est-à-dire par l'intermédiaire de magasins d'informatique ou de sociétés partenaires comme OBT ou M-Informatic. Thomas Köberl, responsable de la stratégie de partenariat pendant de longues années, me le confirme dans un mail: l'un des premiers revendeurs, Beat Bussmann, voulait vendre son logiciel de traitement des commandes avec la Cofi Abacus à sa clientèle et se glisser ainsi chez de nombreux distributeurs de PC. Thomas Köberl: «Même les fiduciaires qui, dans une première phase, n'achetaient la comptabilité financière que pour l'utiliser elles-mêmes, ont rapidement développé un intérêt à faire profiter leurs propres clients de ce logiciel. C'est ainsi que les grandes entreprises fiduciaires connues dans toute la Suisse comme OBT, Visura/BDO, Revisuisse, KPMG, Atag, Fides, etc., sont devenues des partenaires de distribution. Nous avons donc pu renoncer sans crainte à la vente directe, car ces partenaires ont pu nous soutenir avec leur savoir-faire en informatique et/ou en finance et comptabilité.» C'est sans doute grâce à Thomas Köberl qu'Abacus s'en tient à sa stratégie de vente par l'intermédiaire de «distributeurs» pendant près de trente ans – un facteur intemporel de son succès. Ce n'est que bien plus tard, avec la création de la filiale de Thalwil, qu'Abacus commencera à fournir directement certains secteurs.

La flottille des entreprises

Fin 1987, la première version de la comptabilité des créanciers Abacus est livrée à la clientèle. Elle a été programmée par Elemér Szalatnay en tant que développeur externe, en échange d'un partage des revenus. Sa trace s'est perdue par la suite.

En juillet 1987, la première filiale est créée à Lucerne: Abacus Systems AG. Son cofondateur, Hanspeter Hitz, avait écrit le concept du logiciel de gestion des salaires pour Abacus. La filiale lucernoise vend Abacus pour les mini-ordinateurs VAX. Au fil du temps, l'entreprise se retrouve en concurrence avec d'autres partenaires d'Abacus, ce qui est mal perçu par ces derniers. C'est ainsi qu'elle est cédée en 1997 à All Consulting, aujourd'hui encore un grand partenaire d'Abacus.

Les solutions pour les comptables sont une chose. Mais le monde des logiciels professionnels est bien plus vaste. Par exemple, presque toutes les entreprises ont besoin d'un outil pour saisir et traiter les commandes. Abacus veut également proposer un tel outil et mandate une entreprise externe à Herisau pour le développement. Mais celle-ci ne semble pas vraiment avancer – car Abacus demande de l'aide à la société All Consulting, toute jeune elle aussi, où travaille un certain programmateur du nom de Roland Günther. «J'ai fait la connaissance de Claudio dans le fameux appartement d'étudiants. Lors de notre première rencontre, il était en pyjama. Nous avons discuté de Dataflex et de programmation», me raconte-t-il. Roland Günther a appris à programmer des ordinateurs centraux à la Migros et fondé la société All Consulting en février 1986 avec deux partenaires. All Consulting s'aperçoit que la conception de la solution de l'entreprise d'Herisau initialement mandatée est bancale, et reprend l'ensemble du projet. En 1989, la première version du traitement des commandes, encore assez rudimentaire, est livrée. Roland Günther se brouille alors avec le cofondateur de All Consulting. En 1990, il fonde la société Abacus Software Design avec les propriétaires d'Abacus et y apporte non seulement le traitement des commandes, mais aussi les programmeurs impliqués. Ce n'est que des années plus tard que cette société sœur de St. Fiden, où il est d'ailleurs aussi d'usage de terminer la semaine de travail par la bière du vendredi, est intégrée à Abacus.

Un autre programmeur externe, Donat Fritschy, qui gère aujourd'hui une galerie à Berne, est appelé à leurs côtés. Il écrit pour Abacus ce que l'on appelle le générateur de bilan, qui permet de générer les extraits de la comptabilité financière. J'ai demandé à Donat Fritschy pourquoi Abacus ne l'a pas embauché: «Abacus m'a proposé une participation au chiffre d'affaires. Le contrôle du bilan était une option proposée séparément. J'ai participé à ce chiffre d'affaires. Cela me convenait.»

Une comptabilité analytique et une organisation de soutien

En janvier 1989, Abacus réussit à débaucher «son» homme auprès de la société fiduciaire et partenaire OBT. Mais que signifie débaucher? Martin Riedener, aujourd'hui l'une des figures les plus marquantes d'Abacus aux côtés des fondateurs, a plu-

Martin Riedener: Aujourd'hui encore chez Abacus, où il a assumé différentes fonctions. Membre de la direction pendant de nombreuses années. A notamment mis en place le support, s'est occupé du marché des communes et a été responsable du marketing à partir de 2017. Aujourd'hui Chief Sales Officer de DeepCloud, filiale d'Abacus.

tôt fui OBT pour Abacus. En voici le récit: Martin Riedener est depuis 1984 conseiller auprès du groupe fiduciaire actif dans toute la Suisse, où il vend les systèmes du fabricant d'ordinateurs allemand de l'époque, Kienzle, «à prix d'or» (sic). Les PC nouvellement apparus éveillent sa curiosité. Il achète un PC IBM, le teste avec la solution financière IBM (sans doute le logiciel «Dialog» de ce qui allait devenir Simultan) et est immédiatement convaincu. Il rédige un concept sur la manière dont OBT pourrait se lancer à grande échelle dans le commerce des PC avec ce que l'on appelle des infocentres PC et des logiciels Abacus. OBT ne se laisse convaincre qu'à moitié: en effet, on craint de cannibaliser les activités de la société sœur Datron, qui exploite à Saint-Gall un centre de calcul équipé de gros ordinateurs et propose des services de comptabilité. Toujours est-il qu'en octobre 1986, OBT s'engage en affaires avec Abacus et lance le logiciel sous son propre nom, OBT Plus. Au cours des deux années suivantes, le chiffre d'affaires d'OBT explose grâce au logiciel d'Abacus. Une affaire rentable, puisque la fiduciaire empoche une marge de plus de 60%. À l'automne 1987, OBT lance une solution PC pour le secteur de la construction sous la marque propre OBT Plus. Datron, en revanche, est déjà dans le rouge en 1985 et 1986, et la majorité du prestataire de services de centres de calcul est vendue à Atag à la mi-1987.

Martin Riedener: «Au début, on nous a dit que notre département n'était pas sérieux. Puis on m'a considéré comme un élément subversif. Il y a eu une rupture avec le centre de calcul. Je travaillais avec OBT Plus, donc Abacus, sur un logiciel de gestion des salaires pour le secteur de la construction. Puis on m'a interdit de développer le projet, car nous aurions fait concurrence à la solution de la Société des Entrepreneurs.» Martin Riedener en a assez et passe chez Abacus, où il faut de toute urgence une solution pour représenter les centres de coûts. «Claudio est venu dans mon bureau et m'a dit: ‹C'est toi qui as introduit la comptabilité par centre de coûts chez OBT. Tu peux me dire comment ça marche? › Claudio ne prenait jamais de notes, nous ne faisions que discuter. Malgré cela, au bout d'un an, nous avions une bonne comptabilité analytique. Il était comme possédé. Si un problème survenait chez un client, il pouvait travailler des week-ends entiers – et regarder des films en même temps.»

À la fin des années 1980, Abacus est dépassée par le succès. Le grand groupe fiduciaire Fides, par exemple, migre les comptabilités de 200 clients de leur ordinateur central vers des PC équipés du logiciel Abacus. Pour les quelques collaboratrices et collaborateurs – Martin Riedener est arrivé chez Abacus environ en 14ème position – la situation de travail est un doux mélange d'euphorie, de surmenage et de stress. «Les murs étaient couverts de notes téléphoniques jaunes. Il y avait peut-être 150 à 200 rappels en attente. Perdus dans le stress. Claudio m'a demandé si je pouvais mettre en place un service de support. Je m'en suis occupé. Au début, les programmeurs et programmeuses devaient suivre des formations pendant la journée et continuer à programmer le soir. Les premiers manuels ont été écrits par Thomas Köberl, puis j'ai continué à m'y atteler après 20 ou 21 heures», me rapporte Martin Riedener. Et Daniel Senn ajoute qu'il travaillait «comme une brute» dans les années 1980. «Je rentrais chez moi, je dînais avec la famille et je continuais à programmer après. Mais ce n'était pas du stress – juste beaucoup de travail.»

Abacus peut engager de plus en plus de personnel et louer des bureaux supplémentaires dans la Rorschacherstrasse. «Chaque fois que nous avions besoin de place, une entreprise de la Rorschacherstrasse faisait faillite et nous pouvions reprendre ses bureaux. Cela a dû se produire sept ou huit fois. Parfois, je pensais que c'était une maison hantée», se souvient Claudio Hintermann lors d'un déjeuner.

Aide au développement pour l'environnement de développement américain

En 1988, Data Access Corporation commence à développer la version 3.0 de l'environnement de développement Dataflex, selon le concept alors moderne d'orientation objet[7]. Mais la nouvelle version, sortie officiellement en juillet 1990, est apparemment truffée de bugs, ce qui la rend presque inutilisable pour Abacus. C'est pourquoi, dès 1989, un groupe de cinq personnes d'Abacus autour de Claudio Hintermann et Daniel Senn se rend à Miami pour soutenir ce fournisseur si important. L'équipe suisse travaille pendant cinq semaines (au lieu des deux prévues) avec les développeurs de Data Access Corporation, en particulier avec un programmeur nommé Centis Biks («un sauvage» selon Daniel Senn), encore vénéré aujourd'hui à Saint-Gall. Je n'ai pas réussi à savoir où Biks vit aujourd'hui ni ce qu'il fait. Même Chip Casanave, patron de Data Access Corporation à l'époque comme aujourd'hui, ne sait pas où il se trouve. Pourtant, on retrouve la trace du programmeur sur Internet: une référence à cet homme important pour l'histoire d'Abacus figure dans l'impressum de la version 2.0 du programme «Comptabilité des immobilisations» d'Abacus.

Un an plus tard, une équipe d'Abacus revient à Miami pendant trois semaines pour prêter main-forte au fournisseur.

En 1991, Abacus augmente son capital à 500 000 francs. Daniel Senn achète un peu moins d'un quart des actions d'Abacus au partenaire fondateur Georges Winkler et y apporte sa société Pertec. En 1993, Eliano Ramelli reprend le poste de directeur financier et laisse tomber la programmation. C'est, comme le laisseront entendre tous mes interlocuteurs, une bonne décision. En tant que «sentinelle» et esprit critique, il assume le rôle de conscience (financière) de l'entreprise, opposant régulièrement son veto lorsqu'un projet lui semble trop risqué.

Au début des années 1990, Abacus ne se contente pas de bricoler la structure de l'entreprise et d'aider son principal partenaire à Miami, mais développe également avec constance son portefeuille de logiciels: en 1991, le programme de facturation AbaWorx apparait, en 1992 la solution pour les salaires est complétée par un système d'information pour les ressources humaines, en 1993 une version avantageuse pour les petites entreprises, FibuLight, est lancée sur le marché et en 1994 – une sensation à l'époque – Abacus arrive pour la première fois sur CD-ROM.

«Les clients n'avaient pas le choix»

Le 28 novembre 1993, les électrices et électeurs suisses font un énorme cadeau à Abacus, mais aussi à tous les autres fabricants de logiciels de gestion d'entreprise. Ils approuvent la proposition du Conseil fédéral de remplacer l'ancien impôt sur le chiffre d'affaires (ICHA) par une taxe sur la valeur ajoutée. Avec cette TVA introduite le 3 janvier 1995, beaucoup plus d'entreprises doivent payer des taxes sur leurs ventes, mais peuvent déduire la TVA qu'elles ont payée sur leurs achats. Celles qui n'ont pas encore de logiciel de comptabilité en ont désormais un besoin urgent. C'est ce qu'écrit la *Handelszeitung* dans une édition spéciale «Informatik + Büro» en octobre 1994: «Pour les petites et moyennes entreprises (PME) en particulier, qui tiennent encore leur comptabilité manuellement, le changement de système devrait être le moment de passer à l'informatique.» Et toutes les entreprises qui utilisent déjà une solution comptable doivent la mettre à jour et former leur personnel à la nouvelle version. «L'introduction de la TVA a été une excellente affaire», déclare sans détour Martin Riedener, comme à son habitude. De plus, «les clients n'avaient pas le choix», résume Eliano Ramelli. Les commandes s'empilent dans les services administratifs d'Abacus: «Nous passions des heures à coller des étiquettes sur des disquettes et à les emballer. Tout le monde collaborait – c'était comme du travail à la chaîne», raconte Renate Kohsmayer. La frénésie marque cette époque. «Je testais les nouvelles versions du logiciel de Claudio et en même temps, on emballait déjà des disquettes. Si je découvrais une erreur, il fallait s'arrêter et déballer à nouveau les disquettes», me confie Ursula Beutter. Entre octobre et décembre 1994, 10 000 progiciels sont remplacés chez environ 5000 clients, pour un total de plus de 100 000 disquettes, peut-on lire dans un article du *Handelszeitung* d'octobre 1995.

Les énormes contraintes de temps liées au passage à la TVA ont un impact négatif sur la qualité du logiciel. Sur deux pages du numéro 1/1995 du magazine clients *Pages,* Abacus explique en sept points comment ces erreurs ont pu se produire. Pour conclure avec emphase: «La situation ressemble à un tremblement de terre, où il faut faire temporairement appel à la médecine d'urgence à la place de la médecine high-tech, où le patient individuel ne peut plus être au centre, mais où il faut garantir pour tout le monde une prise en charge médicale réduite à l'essentiel.» Une telle situation ne se reproduira plus. À l'époque, Jürg Schwarzenbach vend surtout du matériel informatique avec son entreprise Delec, mais aussi des logiciels de gestion d'entreprise. Voici sa version: «Lors de l'introduction de la TVA, le logiciel Abacus comportait des erreurs sans fin. Nous avons passé des nuits entières chez les clients. Les développeurs d'Abacus avaient intégré des fonctions qui n'étaient pas nécessaires.»

Ursula Beutter: Rejoint Abacus en 1991 en tant que support. Membre de la direction de 2002 à 2021. Aujourd'hui, Head Key Account Management.

Jürg Schwarzenbach: Entrepreneur bernois. Vend Delec au groupe allemand Bechtle en 2005. Détient aujourd'hui des participations dans une quarantaine d'entreprises, dont le grand partenaire d'Abacus, Axept.

Notes

7 L'orientation objet est un concept de construction de logiciels. Dans les années 1980 et 1990, il était considéré comme plus avancé que les concepts procéduraux. On espérait que le concept d'orientation objet permettrait d'écrire, de développer, d'adapter et de réutiliser plus facilement des logiciels complexes.

Elodie Veya, support Swiss21 org, chez Abacus depuis 2021.

Au secours!
Les multinationales arrivent!

Comment SAP, Microsoft, Sage & Cie ont espéré de juteux rendements sur le marché suisse des PME et ont essuyé une défaite. Et pourquoi (et à qui) tant d'éditeurs de logiciels suisses ont été vendus.

La production et la distribution de logiciels standard de gestion d'entreprise peuvent être très lucratives[8]. Une fois que l'on a couvert les coûts de base du développement d'un programme informatique (programmation, phase de test, marketing, support utilisateurs), chaque programme supplémentaire vendu rapporte presque l'intégralité du prix de vente dans les caisses du fabricant sous forme de bénéfice. En effet, contrairement à des biens comme les voitures ou le pain, produire une licence supplémentaire ne coûte presque rien. De plus, les fabricants de logiciels demandent souvent des frais dits de maintenance qui représentent généralement entre 15 et 20 % du prix de vente du produit chaque année. Dans l'idéal, cela couvre les coûts de développement du logiciel. Avec le cloud computing et les modèles d'abonnement aux logiciels, l'activité gagne encore plus en rentabilité. En effet, le prix de l'abonnement à une solution exploitée dans le cloud semble tout à fait supportable sur un ou deux ans. Or, les logiciels professionnels sont généralement exploités pendant de nombreuses années. Si l'on fait la somme des frais payés annuellement sur toute la durée d'utilisation, le fabricant encaisse beaucoup plus que dans l'ancien modèle de vente. Lorsqu'un fabricant parvient à distribuer son logiciel standard à l'échelle mondiale, c'est une sorte de licence pour imprimer de l'argent. Il n'est donc pas étonnant que des entreprises comme Microsoft, Adobe, Oracle ou SAP réalisent des bénéfices élevés au fil des ans.

Mais les petites entreprises qui développent et distribuent avec succès des logiciels de gestion pour les marchés locaux réalisent aussi régulièrement des bénéfices élevés. C'est pourquoi les sociétés d'investissement qui achètent des petites entreprises de logiciels dans le monde entier et en tirent profit sont très actives dans notre pays, surtout ces dernières années. Leurs modèles économiques ne sont pas toujours altruistes. Il est par exemple possible d'accroitre les bénéfices en augmentant les frais de maintenance, en mettant en veilleuse le développement du logiciel, ou en le délocalisant dans des pays à faible revenu. Le logiciel finira par mourir, mais d'ici là, il rapportera régulièrement de l'argent à la société d'investissement. D'autres acquièrent des éditeurs de logiciels suisses pour «acheter le marché» et cherchent à forcer ou convaincre la clientèle à passer à un autre produit afin d'augmenter leurs économies d'échelle. C'est de ce genre d'histoires qu'il est question dans ce chapitre.

La saga Sage

Dans l'exemple du groupe britannique de logiciels Sage et de son histoire plutôt triste en Suisse – pour la clientèle –, tout ce qui précède est un peu vrai. De la fin des années 1990 jusqu'au milieu des années 2010, Sage apparait comme une sorte de société d'investissement, misant sur les bénéfices des acteurs locaux. Plus tard, elle essaiera d'acheter le marché et de forcer la clientèle à se tourner vers certains produits. Et à la fin, les Britanniques se retireront. Mais reprenons les choses dans l'ordre: en 1997, le groupe britannique de logiciels Sage achète le fournisseur allemand KHK Software AG pour environ 100 millions de francs. On connait KHK grâce au programme à succès PC-Kaufmann. L'entreprise est également présente en Suisse. En mai 1998, Herbert Lörch, à l'époque chef de Sage KHK Suisse, annonce dans le magazine des revendeurs informatiques *PC Business!:* «Nous voulons aussi être leader du marché dans notre pays d'ici deux ou trois ans au plus tard, c'est l'objectif clairement défini.» KHK ne deviendra jamais, même de loin, le leader du marché en Suisse, et Herbert Lörch sera vite reparti.

En novembre 1999, Sage rachète l'éditeur de logiciels suisse Softinc, concurrent d'Abacus, pour environ 28 millions de francs. Selon un sondage de Demoscope, son programme de comptabilité Sesam est en 1998 le cinquième logiciel de gestion d'entreprise le plus utilisé en Suisse, avec une part de marché de 5%. Peu après, Softinc, c'est-à-dire Sage, achète une entreprise lausannoise ayant développé une solution pour les petites entreprises appelée Winway.

La vente au Royaume-Uni est désastreuse pour l'avenir de Sesam. Chris Burkhard, son fondateur et père spirituel, quitte Softinc avec toute son équipe de développement, et l'entreprise réduit son personnel d'environ un tiers jusqu'en novembre 2001, pour atteindre 91 personnes. Une version du logiciel au début de l'année 2001 provoque des problèmes massifs, comme l'avoue franchement Rolf Herlig, alors patron et ancien copropriétaire de Sesam, au magazine *IT Reseller* en novembre 2001. Rolf Herlig est licencié quelques semaines seulement après l'interview. Début 2003, il tente de réitérer le succès de Sesam en achetant un fabricant de logiciels bernois appelé Q3. Mais dès avril 2004, il en a assez et fait ses adieux pour partir en direction des mers du Sud. La dernière trace de lui sur Internet montre une photo de 2009 et le présente comme propriétaire du yacht Moana sur un blog de voile allemand.

En avril 2003, Sage achète la société saint-galloise Winware pour un montant supposé de 3,5 millions de francs. Winware a adapté un produit allemand appelé Selectline aux conditions suisses et l'a commercialisé auprès de PME suisses. Ce rachat se solde par une âpre dispute, car Bernd Pfaff, qui a vendu Winware à Sage, se lance en juin 2007 avec une nouvelle société appelée Selectline. Celle-ci prétend avoir l'exclusivité des droits de distribution du logiciel allemand pour la Suisse – Sage n'a donc pour ainsi dire rien acheté. Sage conteste cette affirmation et menace d'engager des poursuites judiciaires. Par

Bernd Pfaff: Aujourd'hui directeur de Selectline Suisse ainsi que de Skip 5, un petit fournisseur d'une solution web.

la suite, Winware connait une accalmie. Sage lance encore une version 2008 du logiciel et semble tentée de motiver ensuite sa clientèle à migrer vers une autre solution.

Selectline existe encore aujourd'hui en Suisse. En 2021, Selectline Allemagne accueillera à son bord la société d'investissement Elvaston Capital Management. Nous parlerons d'Elvaston plus loin.

En 2005, Sage rachète Simultan, le concurrent le plus puissant d'Abacus jusqu'alors, pour environ 25 millions de francs en espèces. Simultan emploie alors environ 120 personnes. Lors de la création d'Abacus en janvier 1985, Simultan était le numéro un sur le marché suisse avec son logiciel PC Dialog. Par la suite, Simultan s'est spécialisée dans certains secteurs (santé) et dans les solutions pour les entreprises de taille moyenne. En décembre 2002 encore, Roland Renggli, qui dirige alors Simultan, déclare lors d'une table ronde que j'avais organisée pour le magazine *IT Reseller*: «Simultan sera certainement encore indépendant dans trois ans.» C'était sans compter avec son actionnaire principal, le fondateur de Simultan, Peter Pfister, qui a besoin d'argent. En effet, celui-ci fonde en 2003 la compagnie aérienne à bas prix Helvetic avec l'ancien chef de Microsoft Suisse Peter Blum. À l'époque, Claudio Hintermann fait un commentaire acéré: «Plutôt boire de l'essence.» Bien qu'Helvetic remporte encore le «Swiss Economic Award» en mai 2005, l'aventure tourne au désastre. En automne 2005, il est question d'une «réduction saine» et d'un apport de capitaux frais, puis en mars 2006, le banquier Marcel Ebner reprend la compagnie aérienne.

Avec Simultan, l'appétit du groupe britannique, qui ne cesse de racheter des éditeurs de logiciels locaux dans le monde entier, n'est pas encore assouvi. En avril 2007, à ma grande surprise, Sage rachète le fabricant jurassien ProConcept pour 18,5 millions de francs. Peu avant, l'éditeur de logiciels, fondé en 1987 par l'actuel conseiller d'État bernois Pierre-Alain Schnegg en tant que spin-off de l'horloger Ebel, annonce de grands projets. Souhaitant se positionner sur le marché des communes comme une alternative à Abacus, il déclare vouloir conquérir le marché chinois. L'acquisition s'avère être un coup d'épée dans l'eau coûteux pour Sage. Dès 2009, Pierre-Alain Schnegg et d'autres investisseurs rachètent l'éditeur de logiciels et rebaptisent leur entreprise SolvAxis. En février 2010, le fonds de capital-risque genevois Vinci investit 4,8 millions de francs dans SolvAxis. Peu après, Dominique Freymond, célébrité économique, devient président du conseil d'administration et Patrik Hug, manager connu d'entreprises de logiciels, rejoint le projet. L'ex-ProConcept a apparemment beaucoup de projets, mais lesquels?

En avril 2014, Pierre-Alain Schnegg revend SolvAxis. Cette fois, l'acheteur est l'éditeur de logiciels suédois Jeeves, qui appartient au groupe britannique Forterro. Forterro lui-même appartient au grand fonds d'investissement américain Battery Ventures. Parallèlement à cette vente, SolvAxis, autrefois une entreprise phare du Jura bernois, annonce des suppressions d'emplois. Pierre-Alain Schnegg, encore loué en 2004 comme «entrepreneur de l'année», quitte l'entreprise pour se consacrer désormais à la politique, où il est parvenu en deux ans seulement à entrer au Conseil d'État du canton de Berne en tant que représentant de l'UDC et du Jura bernois. En 2015, on apprend que SolvAxis a délocalisé une partie du développement

ProConcept: Développe et distribue des logiciels pour l'industrie high-tech, les communes et les institutions caritatives, ainsi qu'une solution financière et RH.

de ses logiciels à Bangalore. Nous visons désormais le marché international, déclare pompeusement l'entreprise.

Jeeves et SolvAxis ne suffisent pas à Forterro : en 2019, celle-ci rachète l'éditeur de logiciels allemand Abas et, en décembre 2021, le fournisseur suisse MyFactory qui connait jusque-là un certain succès. Entretemps, Forterro rebaptise la société jurassienne SolvAxis en ProConcept et change de patron. Le fonds américain Battery Ventures réussit à sortir de l'aventure européenne du logiciel en mars 2022 et vend Forterro pour un milliard de dollars à la société suisse Partners Group cotée en bourse. Depuis 2007, ProConcept aura donc été vendue quatre ou cinq fois, selon la manière de compter. Au printemps 2023, ProConcept emploie encore 90 personnes, selon ses propres informations.

Sage se retire

Mais revenons à Sage : de 1994 à 2010, le groupe Sage rachète des dizaines d'entreprises de logiciels dans le monde entier. Cette stratégie est couronnée de succès jusqu'à l'arrivée du cloud computing et la volonté des clients d'utiliser davantage leurs smartphones que leurs ordinateurs[9]. Sage laisse lui échapper ces mégatendances. Rien d'étonnant à cela, le groupe s'est complètement dispersé : en 2014, Sage compte 270 lignes de produits différentes dans 73 langages de programmation différents, 140 sites et 169 modèles de provisionnement des vendeuses et vendeurs, comme me l'a révélé en 2017 le patron de l'époque, Stephen Kelly, dans une interview. Ce gigantesque zoo logiciel est impossible à adapter aux nouveaux besoins de la clientèle. Stephen Kelly affirme alors que Sage ne laissera personne tomber et n'abandonnera le support que d'un seul logiciel. Mais à l'avenir, l'accent sera mis sur les solutions de cloud computing. Un peu plus d'un an après l'interview, Stephen Kelly était déjà parti. Deux ans plus tard, en novembre 2020, Sage écrit dans une lettre à sa clientèle suisse qu'elle souhaite se débarrasser des solutions Sage 50 (Sesam), Sage Start (WinWay) et Sage 200 (Simultan), achetées à grands frais. En décembre, quelqu'un – j'étais alors encore chez *Inside IT* – me transmet un prospectus de vente dans lequel Sage propose anonymement les solutions mentionnées ci-dessus. On entend dire dans la branche que les Britanniques veulent environ 100 millions de francs pour leur entreprise suisse qui emploie environ 140 personnes. Finalement, ils n'en auront que la moitié : l'entreprise austro-allemande Infoniqa rachète Sage Suisse (qui emploie encore 130 personnes) pour environ 50 millions de francs. Derrière Infoniqa se trouvent les deux sociétés d'investissement Warburg Pincus Global et Elvaston qui possède déjà le rival d'Infoniqa, Selectline. Pour des concurrents comme Abacus, la vente annoncée de Sage Suisse est une aubaine. Elle propose aux sociétés fiduciaires qui utilisent le logiciel Sage un rabais et un outil de reprise des données.

Neuf mois plus tard seulement, la série d'acquisitions se poursuit : après Sage Suisse, Infoniqa rachète aussi en décembre 2021 le fournisseur Run my Acounts, beaucoup plus moderne. Run my Accounts n'a été créé qu'en 2008. L'entreprise propose non seulement un logiciel commercial moderne pour les PME, mais aussi des services fiduciaires. Les clients n'achètent ou ne louent donc pas de programmes, mais une comptabilité complète en tant que service. Détail piquant, le président du conseil d'administration de Run my Accounts, Jean-Jacques Suter, est une figure connue de la scène informatique suisse : « JJ », comme on l'appelle, a dirigé Sage Suisse de 2009 à février 2016 et a rejoint son concurrent Run my Accounts peu après son départ de Sage.

Aujourd'hui (mai 2023), le groupe britannique de logiciels Sage n'a plus de succursale en Suisse.

«Les géants envahissent le royaume des nains»

En mars 2002, le géant allemand des logiciels SAP, alors comme aujourd'hui numéro un mondial sur le marché des logiciels de gestion, annonce son intention de se lancer sur le marché des PME. Les solutions de SAP ont alors la réputation d'être chères et très difficiles à mettre en place – donc inadaptées aux PME. En conséquence, SAP ne veut pas modifier son propre logiciel, issu du monde des gros ordinateurs, mais lancer sur le marché mondial un produit israélien qu'il vient d'acheter sous le nom de Business One. À l'époque encore chez *IT Reseller,* je suis impressionné et j'affirme: «L'attaque de Walldorf [le siège social de SAP se trouve à Walldorf, près de Francfort] sur les PME devrait en revanche représenter un danger pour les ISV (éditeurs de logiciels indépendants) locaux et internationaux. SAP s'attaque directement à Sage et à Microsoft Great Plains. Les ISV plus petits et locaux risquent d'être écrasés entre ces blocs.» Je ne suis pas le seul à me laisser aveugler par l'éclat des géants du logiciel. Le journaliste économique Andreas Flütsch titre dans la *SonntagsZeitung* du 2 juin 2002: «Les géants envahissent le royaume des nains».

SAP Suisse voit les choses en grand. C'est ce que déclare le chef du marketing Hansruedi Kuster au magazine *Bilan*: «D'ici trois ans, nous aurons détrôné Abacus en tant que numéro un.» Cela impressionne également les distributeurs et les conseillers en logiciels suisses. Je me souviens très bien de la façon dont les revendeurs se pressaient autour des gens de SAP dans

SAP: Plus grand fournisseur mondial de logiciels de gestion d'entreprise. Dominant également en Suisse auprès des grandes entreprises et des grandes organisations.

Great Plains: Fabricant américain de logiciels racheté par Microsoft en 2001.

une salle de l'hôtel Mövenpick de Regensdorf en septembre 2002, pour leur glisser leur carte de visite dans la main. Mais la promesse de SAP est elle aussi trop allèchante : plus de chiffre d'affaires, plus de bénéfices, plus de marketing et une marque forte pour soutenir le tout.

SAP réussit à attirer en peu de temps quelques prestataires de services éminents comme partenaires. Le groupe MTF (qui appartient aujourd'hui à Swisscom), Steffen Informatik (qui appartient aujourd'hui au groupe allemand Bechtle, qui pèse plusieurs milliards), Pragmatica (voir le chapitre «Cupidité et mégalomanie», p. 24) et l'important partenaire d'Abacus, OBT, se jettent dans les bras de SAP. Dans le cas d'OBT, le partenariat avec SAP donne lieu à un litige avec Abacus suivi de très près par le secteur (voir chapitre «Cette fois, ils sont allés trop loin», p. 160). Plus tard, la société zougoise RedIT viendra s'ajouter à la liste et voudra même remplacer sa propre solution financière Pebe par Business One à une date ultérieure. Même Simultan (qui n'a pas encore été vendue à Sage à l'époque) fait savoir qu'elle a un partenariat avec SAP et qu'elle veut développer des modules pour Business One, que SAP distribuera ensuite dans toute l'Europe. Et inversement, qu'elle vendra Business One en Suisse avec sa propre solution pour les ressources humaines.

Les éditeurs de logiciels locaux se montrent peu impressionnés. Lors d'une table ronde que j'organise en décembre 2002 avec quatre représentants du secteur local du software pour *IT Reseller,* Beat Bussmann (Opacc), Roland Renggli (Simultan), Ralph Stucki (Europa3000) et Claudio Hintermann répliquent. Beat Bussmann parle d'un «produit Mickey Mouse» et Claudio Hintermann le qualifie de «duo à des prix BMW». Aussi poétique que prophétique, Ralph Stucki déclare : «C'est vrai, parfois, je m'énerve : une grande entreprise, ou une entreprise avec beaucoup d'argent issu de l'IPO, peut arriver et in-

Europa3000 : Issue de la solution DOS Dimsoft. Cédée en 2004 au groupe Bison qui la revend en 2019. Existe encore aujourd'hui et emploie 25 personnes.

jecter 10 millions sur le marché. Nous, qui opérons sur le marché avec nos budgets marketing beaucoup plus modestes, devons faire le dos rond. Mais quand la pluie d'argent sera passée, nous ramasserons les gens mouillés.» En effet, SAP ne remporte pas le grand succès visé. Le géant allemand, ou plutôt sa filiale israélienne, a du mal à adapter le logiciel aux conditions locales. «J'ai passé deux mois en Israël à discuter avec les développeurs de l'arrondi à 5 centimes – une spécialité suisse», me raconte Roger Wipfli de Data Unit, partenaire de SAP.

En 2005, SAP ne vend que 150 licences en Suisse, au lieu des 800 prévues, et seulement 580 jusqu'en 2010. La plupart des partenaires Business One se retirent, ceux qui restent ne joueront pas, même aujourd'hui, dans la cour des grands. Mais SAP se maintiendra sur le marché des PME. Roger Wipfli, entretemps copropriétaire et directeur des ventes chez Data Unit, estime qu'il y a actuellement entre 3000 et 5000 entreprises en Suisse qui utilisent Business One. «Le projet de proposer Business One aux multinationales du monde entier pour leurs petites succursales a porté ses fruits», déclare Roger Wipfli lors d'un entretien. SAP lance aussi en 2010 une nouvelle solution purement cloud pour les grandes PME, appelée Business by Design. Celle-ci survit encore à ce jour et joue un certain rôle sur le marché.

Microsoft se jette dans la mêlée à la «conquête des PME»

C'est Microsoft qui aura investi le plus pour s'imposer dans la «conquête des PME» *(Handelszeitung).* En juin 2002, elle achète l'éditeur danois de logiciels Navision. Celui-ci distribue, outre la solution PME du même nom, un produit plus moderne appelé Axapta pour les entreprises de taille moyenne. Les solutions de Navision sont bien établies en Suisse et l'entreprise danoise dispose d'un large réseau de partenaires. Microsoft avale un grand fournisseur américain de logiciels pour PME du nom de Great Plains un an plus tôt, puis encore Navision Suisse, société indépendante du fournisseur danois, en 2003. Ses deux fondateurs, qui avaient fait croître Navision en Suisse, prennent l'argent et s'en vont. L'un d'entre eux, Simon Boss, est à l'époque un acteur plutôt modeste qui construira par la suite un empire.

Lors d'un déjeuner à Zurich, le Bernois m'explique comment le rachat de son principal partenaire Navision a affecté sa société et le milieu des partenaires Microsoft. «Pour la plupart des partenaires Navision, cela a été un énorme choc. Auparavant, c'était un monde fermé. Il fallait par exemple postuler si l'on voulait devenir partenaire Navision. Et Navision Suisse choisissait le partenaire qui recevait un lead [une demande d'achat]. Pour moi, c'était plutôt une chance.»

Le fait que la grande Microsoft soit désormais derrière Navision et Axapta entraîne une vague de demandes. Pour la clientèle, la solution commerciale est forcément compatible avec les logiciels Office. Bien que ce ne soit pas le cas, les clients y croient quand même, selon Simon Boss. Microsoft change de stratégie et fait appel à autant de partenaires que possible. Cela se traduit par des partenaires incompétents et des projets médiocres. À partir de 2005, Microsoft durcit les conditions et réduit ainsi à nouveau le paysage des partenaires. Après quelques tergiversations, le géant abandonne vers 2008 le projet initial (project green) qui consistait à regrouper toutes les solutions commerciales achetées ensemble sur une nouvelle plateforme. Aujourd'hui encore, les solutions cloud, bien qu'elles portent le même nom (Microsoft Dynamics 365 Supply Chain & Financials ou Microsoft Dynamics 365 Business Central), se basent sur les deux programmes différents Axapta et Navision.

Pour les journalistes du secteur, c'est une période faste. Les rachats d'entreprises ici et là, les annonces grandioses et les échecs passés sous silence donnent lieu à des histoires exclusives et se succèdent à un rythme hebdomadaire.

Ainsi, la société zougoise RedIT (voir chapitre «Cupidité et mégalomanie», p. 78), elle-même éditrice de logiciels, et pendant une courte période partenaire de SAP, rachète en plus toute une série de spécialistes de Navision: en 2005, InteGreat, IVM Engineering et S4 Solutions sont absorbées. En 2006, elle rachète le groupe MGA, qui emploie quelque 90 personnes, ainsi qu'un partenaire Microsoft plus petit. RedIT devient ainsi le plus grand revendeur de Microsoft Business Solutions en Suisse. Par la suite, les tentatives d'assainissement, les départs d'équipes entières, les réorganisations, les ventes de parts d'entreprises, les radiations de la bourse, les changements de nom et encore plus d'assainissements se succéderont à l'infini. Jusqu'à ce qu'enfin, en 2019, l'activité de Navision, devenue entretemps Microsoft Dynamics 365 Business Central, soit à nouveau transférée dans une petite entreprise appelée RedPoint. Selon son site web, elle emploie encore une trentaine de personnes au printemps 2023.

D'autres aussi naviguent avec plus ou moins de succès dans les eaux de Microsoft. Le géant allemand de l'informatique Bechtle rachète en 2018 la société Acommit de Horgen – qui avait elle-même racheté auparavant divers spécialistes de Navision – pour un peu plus de 13 millions d'euros. Plus tard, Bechtle avalera également Alpha Solutions. Ou justement Simon Boss, qui reprend douze entreprises et deux fois des équipes entières de spécialistes depuis 2005. Son groupe compte plus de 300 personnes et distribue aujourd'hui au moins cinq solutions professionnelles différentes de Microsoft, Oracle, StepAhead (qui appartient aujourd'hui à Elvaston) ainsi qu'un produit propre pour les petites entreprises, qu'il achètera en 2019.

Microsoft et SAP ne sont pas les seuls géants multinationaux du logiciel à avoir tenté de s'imposer sur le marché suisse. Citons par exemple Oracle. D'après Simon Boss (qui distribue ce produit en Suisse), Oracle a eu beaucoup de succès avec une solution en ligne appelée Netsuite, notamment parmi les start-ups. Un autre groupe, Infor, a racheté dans les années 1990 et 2000 diverses solutions européennes pour l'industrie (Infor, Blending, Baan, Intentia) qui jouaient autrefois aussi un certain rôle en Suisse. En 2020, Koch Industries, le groupe des deux frères Charles et David Koch, aussi célèbres que controversés, acquiert Infor pour 13 milliards de dollars.

SAP, comme Microsoft et Sage, manquent largement leurs objectifs sur le marché suisse des PME. Mais le nombre et les parts de marché des fournisseurs suisses indépendants de solutions commerciales pour PME diminuent tout de même massivement à partir de 2002. Ainsi, le prestataire de services marketing *Profondia* place Abacus, SAP, Microsoft et Infoniqa aux rangs un à quatre en termes de parts de marché en Suisse. Près de la moitié des entreprises suisses utilisent d'autres solutions de gestion d'entreprise d'une multitude de petits fournisseurs. Parmi elles, seule la lucernoise Opacc, qui emploie environ 200 personnes, est à la fois relativement grande, indépendante et en mains suisses. Claudio Hintermann s'est montré prophète en déclarant vingt ans plus tôt, lors de la table ronde de décembre 2002 déjà citée: «Quand une entreprise est rachetée, c'est généralement le software de l'entreprise qui l'a conçu qui meurt.»

Il y a une autre raison pour laquelle si peu de fournisseurs ont réussi à rester indépendants: les exigences de la clientèle vis-à-vis de leurs logiciels ont augmenté, tout comme les ef-

Oracle: Éditeur de logiciels américain. Surtout connu pour la base de données du même nom. Mais, concurrent de SAP, Oracle distribue également des logiciels de gestion. Rachète divers concurrents à partir de 2004.

Marcel Fink, analyste commercial, chez Abacus depuis 2020.

forts pour adapter les programmes aux dernières tendances technologiques. Beaucoup de petits fournisseurs n'ont pas tenu le coup.

Une sortie lucrative grâce aux grands groupes suisses

Après 2010, de nouveaux acteurs avec de nouveaux modèles commerciaux apparaissent sur le marché suisse, développant soit des solutions purement cloud gratuites, soit des solutions bon marché pour les PME. La société Bexio notamment, qui propose la solution en ligne du même nom, fait parler d'elle. Elle est issue d'une petite solution en ligne appelée EasySys. En 2014, deux entrepreneurs informatiques connus, à savoir Martin Altorfer, qui a déjà fait croître plusieurs entreprises avec succès avant de les vendre, et l'ancienne star de la bourse Peter Schüpbach (voir chapitre «Cupidité et mégalomanie») entrent au capital d'EasySys. Peu après, l'entreprise lève 4,5 millions de francs supplémentaires de capital-risque et se rebaptise Bexio. En 2017, Swisscom puis Swiss Life entrent au capital, jusqu'à ce que Bexio soit entièrement reprise par La Mobilière Assurance en 2018 pour un montant supposé de 115 millions de francs. Les investisseurs de la première heure atteignent leur objectif, à savoir une sortie lucrative. Bexio emploie aujourd'hui quelque 100 personnes.

L'histoire de Klara est similaire. La solution en ligne est initialement lancée sur le marché suisse en 2016 sur le modèle «freemium» (version de base gratuite, fonctions supplémentaires payantes). En arrière-plan de Klara se trouve la lucernoise Axon. Ayant racheté Soreco, concurrente d'Abacus (voir chapitre «La bière du vendredi») en 2011 avant de la démanteler,

Axon place de grands espoirs dans sa solution en ligne Klara. Un premier projet avec Swisscom, répondant au joli nom d'«Admino», échoue. En 2020, La Poste réussit sa sortie comme espéré en reprenant la majorité de l'entreprise Klara Business pour 22 millions de francs – ce qui mettra en émoi le monde politique et Abacus (voir chapitre «Cette fois, ils sont allés trop loin»).

Notes

8 Les logiciels standard sont des programmes vendus en masse et emballés dans un produit. À l'opposé, on trouve les logiciels individuels. Ce sont des solutions développées spécialement pour des tâches spécifiques. La sous-branche des entreprises de logiciels individuels comme Netcetera, Elca ou Ergon est plus importante en Suisse que celle des fabricants de logiciels standard. Leur modèle d'entreprise est très différent car leurs activités ne «s'échelonnent» pas. Plus ils ont de commandes, plus ils doivent embaucher. Le présent ouvrage traite de la production de logiciels standard.

9 Cloud computing : au lieu de posséder soi-même des ordinateurs, les prestations informatiques (donc, par exemple, le travail avec un logiciel de comptabilité) sont fournies via Internet. Elles sont exploitées comme machines virtuelles quelque part dans un centre de calcul situé dans un nuage informatique, et les ressources sont allouées de manière dynamique.

Impasses, errements et détours

Le drame Powerflex, de multiples tentatives en Suisse romande, un logiciel primé qui ne verra jamais le jour, l'interminable équipée allemande et les errements d'un GPAO.

La plupart des représentants d'Abacus ont du mal à parler de leurs erreurs. Mais toutes les entreprises de logiciels en commettent. Elles foncent dans des impasses technologiques ou développent à grands frais des produits et des fonctionnalités dont le marché ne veut pas. Ou leurs produits, certes demandés par le marché, sont trop mauvais ou arrivent trop tard. Tout cela peut coûter cher et, dans le pire des cas, entraîner la disparition d'une entreprise. «Nous avons eu la chance de pouvoir financer tous nos projets. Aucun n'est devenu un problème existentiel. C'est pourquoi nous avons pu vivre avec le fait que l'un ou l'autre projet tombe à l'eau», déclare Thomas Köberl lors d'un entretien. Bien sûr, interrompre un projet et le recommencer, c'est aussi possible: «Nous avons lancé le développement du traitement des commandes à deux reprises. Je me souviens qu'une fois, nous avons dû amortir 200 000 francs», me raconte Daniel Senn.

Logiciel fantôme primé

C'est avec fierté qu'Abacus annonce dans l'édition 1/1997 du magazine clients *Pages* que le progiciel AbaShow est élu produit de l'année 1996 par la revue spécialisée *Windows Guide*. Avec AbaShow, il est possible de visualiser des documents au format «ADF» sans devoir posséder le logiciel Abacus. ADF? Daniel Senn, directeur du développement d'Abacus depuis de nombreuses années, me regarde d'un air interrogateur lorsque je lui demande quel a été le destin d'ADF. «Ça ne me dit rien du tout.» Quelques questions plus tard, tout s'éclaire: ADF signifie Abacus Document Format, et AbaShow est un logiciel permettant d'afficher des documents dans ce format. Mais ni ADF ni AbaShow ne serviront jamais, car la première version d'un futur standard a déjà vu le jour en 1993 avec le format PDF du géant américain Adobe. Personne chez Abacus ne sait aujourd'hui pourquoi on a voulu à l'époque développer un format alternatif propre. Peut-être à cause du prix? La première version d'Acrobat Reader de 1993, l'alternative à AbaShow, coûtait 50 dollars.

Stress avec Windows

Au milieu des années 1980 apparaissent les premiers ordinateurs personnels avec des interfaces graphiques et une souris pour les contrôler. Mais ces interfaces sont peu adaptées aux logiciels professionnels car les ordinateurs sont encore trop lents. Microsoft lance aussi Windows avec des interfaces graphiques dès les années 1980, mais ce n'est qu'avec la version 3.1, sortie en avril 1992, que le système deviendra stable et pertinent pour les applications professionnelles. En septembre 1992, la société Softinc (voir aussi le chapitre «Au secours! Les multinationales arrivent!») lance le programme de comptabilité FibuNT lors du salon informatique Orbit à Bâle. Le logiciel fait rapidement sensation. En octobre 1993, FibuNT est élu «Software de l'année 1993» lors du salon WinWorld de Zurich. Et dans la *NZZ* du 20 octobre 1993, on peut lire: «Les masques de saisie présentent un aspect 3D clair et visuellement attrayant.» Pour les fiers fondateurs d'Abacus, c'est un choc. Thomas Köberl: «FibuNT nous a fait extrêmement mal. D'un coup, notre logiciel avait l'air vieux.» En 1996 encore, Jürg Stricker, qui avait eu affaire au logiciel Abacus dans les années 1990 en tant que conseiller externe, perçoit Abacus comme peu innovant: «Abacus était pour moi robuste et fiable. Mais pas très innovant. Ils étaient encore sous DOS quand d'autres étaient déjà sous Windows.»

Windows: Système d'exploitation pour PC et serveurs de Microsoft. Domine le marché mondial depuis des décennies. Utilisé aujourd'hui sur environ 70 % des ordinateurs personnels.

Jürg Stricker: Travaille avec Abacus en tant que consultant et se fait embaucher en 2004. Dirige d'abord le support et travaille ensuite chez Abacus Allemagne. Aujourd'hui directeur de la recherche et du développement.

Alors que Softinc connait le succès avec FibuNT, Abacus ne dispose même pas, en 1993, d'une interface graphique utilisable avec la souris, et encore moins d'une version pour Windows. Les Saint-Gallois doivent se battre sur plusieurs fronts: il faut rendre les versions DOS plus stables et plus rapides, soutenir le partenaire technique Dataflex, développer les propres programmes pour DOS avec une interface graphique et programmer en plus de nouvelles versions de Windows. De plus, en 1994, Abacus doit préparer ses programmes en très peu de temps pour la nouvelle TVA, qui entre en vigueur dès le 1er janvier 1995. La situation se complique, tout comme la communication avec les clients. Dans le magazine clients *Pages* 1/1993, Abacus annonce de nouvelles versions plus performantes («Protected Mode») pour DOS. Ces programmes deviendront «quasiment le tremplin pour la génération de logiciels Abacus d'après, sur laquelle on travaille déjà depuis plus d'un an: les versions Windows d'ABACUS.»

L'environnement de programmation Dataflex, avantage stratégique pour Abacus dans les années 1980, est devenu un inconvénient. Claudio Hintermann: «Le fabricant de Dataflex, Data Access Corporation, a pris un retard extrême. Nous sommes allés nous-mêmes à Miami pour faire en sorte que ça marche.» Et ce n'est pas tout: en 1993, Abacus rachète aux Américains le code source de Dataflex et essaie à partir de ce moment-là de faire évoluer l'environnement de développement lui-même. Pour ce faire, Abacus met sur pied sa propre équipe, d'abord à Miami, puis à Saint-Gall, spécialisée dans le langage de programmation C++. Abacus peut présenter les fruits de son travail en 1994 et les récolter à partir de 1995. Le 22 avril 1994, les Saint-Gallois présentent les nouvelles versions d'Abacus lors de la réunion des revendeurs. Michael von Babo, qui deviendra plus tard mon patron en tant qu'éditeur, met les quatre protagonistes d'Abacus à la une de *PC Business!* et fait état

DOS: Premier système d'exploitation de Microsoft pour les PC d'IBM. Est à la base du succès de Microsoft.

d'«applaudissements spontanés» lors de cette réunion. Le point fort de cette nouvelle version est le code source unique sur lequel s'appuient les versions DOS (et OS/2) et Windows. La clientèle peut donc combiner différentes versions d'Abacus sur le même réseau, qui accèdent ensuite à la même base de données.

Abacus se sera cependant lourdement trompé sur une prophétie: «Il y a eu des systèmes d'exploitation avant Windows et il y en aura d'autres, plus puissants, à l'avenir. Windows ne peut être qu'une étape intermédiaire pour Abacus», peut-on lire dans un article de *Pages.* Aujourd'hui, près de trente ans plus tard, Abacus est toujours principalement utilisé sur des ordinateurs Windows.

Les Saint-Gallois rattrapent rapidement leur retard dangereux sur la concurrence. En mars 1996 déjà, Abacus peut annoncer fièrement que la comptabilité salariale a reçu le logo «Designed for Windows 95» de Microsoft. Et ce, en tant que tout premier logiciel de ce type en Suisse.

Le drame Powerflex

Les premières générations d'Abacus seront marquées au fer rouge par le drame de l'environnement de développement Powerflex. Alors qu'on cherche une alternative à Dataflex, l'équipe tombe sur le clone australien Powerflex.

En lisant le magazine clients de 1993, on ressent encore aujourd'hui un certain désespoir: «La complexité de la programmation a connu une croissance exponentielle au cours des dernières années. En effet, les programmes standard ABACUS sont utilisés par une clientèle qui, par exemple, a ¼ de million d'écritures dans sa comptabilité financière, comptabilise simultanément à partir de 12 postes de travail ou compte plus de 1000 employés dans sa comptabilité des salaires. Installer des logiciels de gestion des salaires de 20 000 employés ne nous effraie plus.» C'est pourquoi Abacus développe désormais ses propres outils de programmation: «Un véritable département de programmation C++ a été mis en place afin de développer des outils mis à disposition des programmeurs d'applications.»

Dans le même numéro de *Pages,* Abacus annonce un nouveau partenariat avec un fournisseur de technologie: Powerflex. La déclaration est faite dans l'euphorie: à la recherche d'un nouvel outil suite aux problèmes rencontrés par Dataflex, l'entreprise tombe sur le produit australien PFX de la société Powerflex. L'enthousiasme est tel qu'on prend même une participation dans l'entreprise. Le même numéro relaie l'annonce de la société saint-galloise: la prochaine version du programme de traitement des commandes (Abea) sera écrite grâce à l'environnement de développement australien.

Mais la société australienne ne tient pas ses promesses et le choix de Powerflex se révèle être une erreur. La collaboration finit au tribunal. Roland Günther, qui travaille alors sur la solution avec la société sœur Abacus Software Design à St. Fiden, me dit lors d'un déjeuner: «Nous avons été assez bêtes pour accepter de développer Abea (gestion des commandes) avec Powerflex. Plus tard, quand nous avons réalisé que la collaboration avec les gens en Australie ne fonctionnait pas, nous avons été pris de court.» Bien des années plus tard, le produit Abea n'est encore qu'un patchwork. Jürg Stricker: «Présenter Abea était un vrai terrain miné. On ne savait jamais quels modules logiciels allaient se présenter sous le look Windows et où l'écran bleu du DOS allait soudain apparaitre.»

En 1997, Abacus annonce la modernisation progressive d'Abea. Une fois de plus, les gros problèmes liés à Powerflex et à la migration vers Windows transparaissent dans un article du

Roland Günther: Cofondateur en 1986 de l'actuel partenaire d'Abacus, All Consulting. Il y fait de la programmation pour Abacus avant de fonder avec elle la société Abacus Software Design. Celle-ci est ensuite intégrée à Abacus Research. Aujourd'hui, Head of Channel Management chez Abacus.

magazine clients: «... pour l'instant, elle se présente encore avec une interface à base de caractères. Cela s'explique par le langage de programmation utilisé.» Les programmes seront conçus à partir de la base de données existante, c'est-à-dire de la structure existante de la base de données, en utilisant le langage de programmation Delphi. Une version hybride (précisément le champ de mines dont parle Jürg Stricker) voit le jour. Ce n'est qu'en 2004 que les dernières parties des modules commercialement importants pour la gestion des commandes, programmées avec Powerflex, auront disparu. Daniel Senn porte un regard autocritique sur l'histoire d'Abea: «Programmer un environnement convivial pour le traitement des commandes nous a donné du mal quasiment jusqu'à ce jour. Aujourd'hui, avec la technologie des portails, ça va mieux. Mais il nous a fallu 25 ans pour y parvenir.»

Incursions infructueuses en Suisse romande

Pour le dixième anniversaire d'Abacus, les Saint-Gallois osent faire le pas en Suisse romande. Marie-Lou Quinche doit mettre en place le nouveau bureau d'Abacus à Neuchâtel, selon un long article paru dans *Pages* 2/1995. En tant que traductrice, cette dernière a déjà largement contribué à la mise à disposition d'Abacus en Suisse romande dans les années 1980. Son expérience «garantira qu'Abacus Neuchâtel ait autant de succès sur le marché romand» qu'en Suisse alémanique, selon une prophétie très optimiste. Nous savons aujourd'hui qu'il faudra des décennies pour qu'Abacus s'implante réellement en Suisse romande.

«Nos parts de marché sont restées marginales. Nous n'avons proposé le traitement des commandes en Suisse romande qu'à partir de 2004», explique Thomas Köberl lors d'un entretien. Le succès n'est pas au rendez-vous à Neuchâtel, et Mari-Lou Quinche revient à la distribution avec sa société Logiquinche. Une autre tentative, avec une succursale à Lausanne et un directeur marketing romand, n'a pas beaucoup plus de succès. Puis, comme souvent dans l'histoire d'Abacus, c'est la concurrence qui lui donne un sérieux coup de main. Pierre-Alain Schnegg, aujourd'hui conseiller d'État dans le canton de Berne, vend en 2007 sa société de logiciels ProConcept à la multinationale Sage (voir chapitre «Au secours! Les multinationales arrivent!»). Par la suite, Abacus réussit à attirer deux personnes de haut vol chez ProConcept, qui renforceront ensuite massivement la présence d'Abacus en Suisse romande (voir chapitre «Vautours, communes, mines d'or... et la refonte du logiciel»).

Errements sur le chemin d'un logiciel pour l'industrie

En ce qui concerne le logiciel de planification et de gestion de la production, l'histoire d'Abacus n'est pas glorieuse. Quiconque veut proposer à une clientèle qui produit quelque chose un paquet complet de logiciels de gestion d'entreprise (ERP, Enterprise Resource Planning), a besoin d'une gestion de production assistée par ordinateur (GPAO). La GPAO est la discipline reine des logiciels de gestion. Dans les années 1990, Abacus mise sur des partenariats avec des entreprises qui utilisent aussi Dataflex. Ainsi, la société lucernoise Opacc, qui connait encore aujourd'hui un grand succès, propose des solutions pour l'industrie et le commerce en combinaison avec Abacus. À un moment donné, dans les années 1990, les deux entreprises s'éloignent. Le fondateur et chef d'Opacc, Beat Bussmann, ne voudra pas en parler avec moi malgré plusieurs relances: «on ne peut tout simplement pas faire des affaires avec Abacus» est tout ce que j'obtiendrai de lui.

Le partenariat avec la société Informing, elle aussi originaire de Suisse centrale, est encore plus étroit. Informing publie à plusieurs reprises dans *Pages* des annonces d'une pleine page pour son système du nom étrange de =Office/2=. Comme Informing travaille également avec Dataflex, il est facile de programmer des interfaces, selon Felix Honegger, le patron et propriétaire d'Informing depuis de nombreuses années. Mais les chemins d'Informing et d'Abacus se séparent à leur tour lorsque cette dernière développe son propre GPAO. Quelques années auparavant, Abacus avait assuré par écrit qu'elle ne le ferait pas. En me renseignant au sein d'Abacus sur cette histoire, je n'ai récolté que des expressions contrariées. Thomas Köberl a tout de même fait des recherches et a effectivement trouvé la copie d'une lettre de 1997 adressée à Felix Honegger que l'on peut interpréter dans ce sens, et où l'on peut lire: «Nous n'avons jamais eu l'intention, et n'aurons jamais l'intention, de chasser votre produit du marché avec notre solution.» Cette phrase ne se réfère toutefois qu'à une fonction supplémentaire dans le module de gestion des commandes.

Abacus ne lance sa propre GPAO qu'en 2004, après la rupture d'un autre partenariat avec un éditeur de logiciels. Cette fois-ci, il s'agit de l'entreprise CP CIM-Pool, toujours active aujourd'hui, mais en tant que partenaire SAP. Jürg Stricker qui, en tant que conseiller externe, introduit à l'époque le logiciel de CP CIM-Pool avec les solutions financières d'Abacus dans des entreprises industrielles, relate l'affaire ainsi: «La clientèle était de plus en plus mécontente parce que les promesses n'étaient pas tenues. À un moment donné, j'ai dit à Dani ou à Claudio:

Informing: Fondée en 1987. Est vendue en 2006 à la société ADV Informatik, elle-même reprise plus tard par la société allemande de logiciels Step Ahead. Le logiciel d'Informing semble avoir encore des utilisateurs en Suisse.

‹Ça ne peut pas continuer comme ça. Vous jouez votre réputation.› Nous en avons discuté, et Claudio a dit tout à coup: ‹Pourrais-tu écrire un concept de GPAO pour nous?› Un ou deux jours plus tard, Dani m'a appelé pour me dire qu'on allait commencer. Comme toujours, sans contrat.»

Aujourd'hui encore, Abacus n'est pas perçu sur le marché suisse comme un concepteur important de GPAO. Probablement parce que les partenaires classiques d'Abacus ont peu de savoir-faire en matière d'introduction de logiciels pour l'industrie. Par ailleurs, de nombreuses entreprises de production sont de taille réduite et ne peuvent ou ne veulent pas s'offrir le logiciel Abacus. Aujourd'hui, Abacus compte tout de même plus de 300 clientes et clients sur le marché de la GPAO. Et comme les entreprises qui optent pour la GPAO d'Abacus achètent toujours d'autres progiciels, c'est quand même devenu une affaire.

Souffrir en (et par) l'Allemagne

L'expansion en Allemagne est à la fois un rêve et un cauchemar pour toute entreprise suisse de logiciels. Le marché est énorme, les défis aussi. Les solutions business standard reproduisent les lois et les prescriptions, mais celles-ci sont différentes en Allemagne et en Suisse. Même la langue est très différente, comme me l'explique Jürg Stricker, qui a travaillé de nombreuses années sur le marché allemand pour Abacus. Le terme «Offerte» (pour «offre»), par exemple, n'est pas connu en Allemagne.

L'aventure allemande commence vers 2004. Abacus reçoit confirmation du géant du conseil KPMG que le logiciel de comptabilité financière répondrait aux «exigences allemandes en matière de régularité». Deux des conseillers KPMG impli-

Catherine Stäheli, réception, chez Abacus depuis 2021.

qués, Thorsten Winkler et Alexander Sattler, flairent une opportunité commerciale. Ils demandent à Abacus s'ils peuvent distribuer la solution en Allemagne et fondent à cet effet la société Alphawerk GmbH en 2008. Je publie alors un article titré: «Abacus met un pied dans le vaste marché allemand.» On cherche et trouve des clients pilotes: un fabricant de vélos qui fera faillite avant même la fin du projet, un petit constructeur d'installations qui n'est plus client d'Abacus aujourd'hui, ainsi que l'entreprise de biotechnologie Protherus. Mais les investissements sont devenus trop importants pour Thorsten Winkler et Alexander Sattler, si bien qu'Abacus intègre l'entreprise et fonde Abacus Allemagne en mars 2009 à Munich. Le directeur général, Rainer Kaczmarczyk, est un cadre supérieur et un bon ami de la maison. Il a été le patron de Compaq Suisse, puis Allemagne, puis responsable des activités serveurs et partenaires de HP en Allemagne après l'accord Compaq-HP.

L'aventure allemande suscite dès le début la controverse chez Abacus. Eliano Ramelli, dans son rôle de «sentinelle», s'oppose aux investissements nécessaires à une aventure à l'étranger en se référant au naufrage de Miracle (voir chapitre «Cupidité et mégalomanie») et menace de démissionner de la direction. Celle-ci décide donc de procéder avec prudence et mesure. Pendant de nombreuses années encore, la question de l'attribution des ressources en matière de programmation pour l'Allemagne restera une pomme de discorde. Malgré le scepticisme (partiel) du siège, on communique avec l'optimisme habituel: Rainer Kaczmarczyk déclare dans *Pages* 2/2009 qu'il va «acquérir une position de leader en tant que fournisseur de logiciels professionnels pour PME au cours des cinq prochaines années».

Rainer Kaczmarczyk est l'un des meilleurs connaisseurs des fournisseurs de services informatiques et des revendeurs de matériel informatique allemands en général. Mais la re-

Rainer Kaczmarczyk: Quitte ABB en 1988 pour rejoindre le fabricant de PC Compaq en tant que directeur des ventes et devient patron de la filiale suisse en 1998. En 2002, il prend la direction de Compaq Allemagne. Après l'absorption de Compaq par HP, il devient l'un des principaux dirigeants de l'entreprise en Allemagne. Quitte HP en 2004 et réapparait en 2009 comme directeur général d'Abacus Deutschland. Reprend le poste de président du conseil d'administration de 2020 à 2023.

cherche de partenaires qui vendront le logiciel Abacus en Allemagne s'avère difficile. Soit les commerçants et prestataires de services ont déjà des partenaires logiciels comme SAP, soit ils n'ont pas les moyens d'investir dans la formation Abacus de leur personnel. Abacus Allemagne remporte certes un succès d'estime avec la société zoologique de Francfort comme client, mais il n'est toujours pas clair quel logiciel ni quel secteur sont visés.

Une occasion favorable se présente à l'été 2009: l'entreprise PDS dispose d'une solution efficace pour les artisans ainsi que d'un grand réseau de partenaires. Elle veut redévelopper sa solution, et Abacus pourrait apporter la partie financière. Rainer Kaczmarczyk me raconte l'histoire ainsi: «Nous avons rapidement fait nos premiers pas et nous étions plutôt contents. Daniel Senn a eu une minute de courage et a promis un logiciel de gestion des salaires allemand dans les trois ans.» En collaboration avec PDS, les 100 premiers clients migrent vers les nouvelles versions des solutions. Mais, selon lui, la clientèle peine et rencontre des problèmes avec le logiciel Abacus. Chez le partenaire PDS, le directeur doit partir et son successeur fait pression. Et, après avoir attendu trop longtemps des améliorations, il met fin à la collaboration. L'occasion est ratée.

Mais Abacus n'abandonne pas malgré ce revers, car les pertes ne dépassent apparemment jamais le seuil de douleur. Rainer Kaczmarczyk et Jürg Stricker, qui a déménagé en Allemagne, se mettent d'accord pour viser le marché des bureaux d'ingénieurs. La raison: la gestion de projet est une solution moderne qui se prête bien au marché allemand. Abacus Allemagne acquiert ici et là des clients pilotes, reproduit le règlement sur les honoraires des architectes en Allemagne (HOAI, Honor-Ordnung für Architekten in Deutschland) dans sa solution et prend de plus en plus pied sur ce segment de marché spécifique. Pourquoi Abacus a-t-elle mis autant de temps et dépensé autant d'argent pour s'établir, même de manière limitée, sur le marché allemand? Les réponses varient selon les interlocuteurs. Claudio Hintermann estime que l'on a abordé le marché sans réelle stratégie: «Nous avons fait du sur-place parce que nous avions tous autre chose à faire. Nous n'avons jamais discuté sérieusement de la question allemande de manière stratégique au sein du conseil d'administration – mais plutôt sur le mode ‹les côtelettes du Segreto devraient-elles être grillées à plus haute température?›» De son côté, Daniel Senn souligne la complexité croissante des exigences en matière de logiciels commerciaux en Allemagne : «Nous courions après les règlements. Chaque interface doit être certifiée – chaque année.» Pour Rainer Kaczmarczyk et Jürg Stricker en revanche, les développeurs d'Abacus à Saint-Gall n'ont pas suffisamment tenu compte des besoins, en particulier en ce qui concerne les logiciels financiers, et toujours trop tard. Jürg Stricker: «Notre logiciel n'a pas été accepté en Allemagne. Et à Saint-Gall, nos souhaits n'ont pas été considérés comme importants.»

Entretemps, la comptabilité financière et la comptabilité analytique sont aussi mieux adaptées au marché allemand. Toutefois, les clients qu'Abacus attire aujourd'hui sont plutôt les grands bureaux d'ingénieurs et d'architectes. Pour trouver des petits clients, Abacus Allemagne doit proposer des paquets plus standardisés, plus faciles à introduire, selon Rainer Kaczmarczyk. Et pour Daniel Senn, après toutes ces années, une solution salariale adaptée au marché allemand devrait être disponible prochainement.

Toute une série de flops est liée à d'autres partenariats qui ont échoué. Par exemple, Abacus annonce en 1991 un progiciel pour le commerce de gros. Le logiciel devait fonctionner sur la famille d'ordinateurs System 3000 de NCR. L'annonce reste lettre morte et Abacus résilie le contrat de collaboration en 1994 en raison du manque d'intérêt de NCR. Cette dernière développe sa propre solution moderne appelée Karat à partir de 1993, mais elle échouera (voir chapitre «Vautours, communes, mines d'or... et la refonte du logiciel»). Le partenariat avec l'assureur Winterthur est encore plus éphémère: en 1994, Abacus présente un module de caisse de pension développé en collaboration avec Winterthur Vie. Un an plus tard, la solution est présentée sous le nom d'AbaTwin. Elle relie la comptabilité salariale d'Abacus à la solution de caisse de pension de la Winterthur et simplifie donc considérablement l'administration, peut-on lire dans *Pages* 2/1995. Le développement est à nouveau arrêté dès 1996, car le succès n'est pas au rendez-vous et l'assurance a changé d'orientation, selon Thomas Köberl.

Situation sans doute plus délicate encore pour Abacus: sa prise de participation dans SwissSign en 2004. Cette entreprise avait développé l'infrastructure et les processus pour les certificats numériques permettant d'apposer une signature juridiquement valable par voie purement électronique – avec en arrière-plan, une nouvelle loi (SCSE) autorisant les signatures numériques dès 2005. «À l'époque, personne ne proposait ce service», me confie Claudio Hintermann. Or, c'est exactement ce que recherche Abacus, car la version du logiciel <digital erp>, la plus récente à l'époque, permet depuis 2005 de signer numériquement des documents – par exemple des bilans – et de les conserver valablement sans papier. Mais Abacus oublie un élément important: la loi requiert pour les entreprises comme SwissSign un contrôle par la société d'audit et de conseil KPMG – et cela n'a pas encore été fait. «Nous n'avions pas vérifié si SwissSign avait obtenu une autorisation. C'était comme si nous avions acheté les droits de distribution d'un médicament sans vérifier s'il était agréé en Suisse», me confie Claudio Hintermann. Le processus de certification par KPMG est à la fois long et extrêmement coûteux. Thomas Köberl appellera cet investissement « un puits sans fond ». Ils s'en sortent en 2005. Claudio Hintermann: «Nous avons rencontré Peter Delfosse de la filiale de La Poste DCL Data Care qui a heureusement acheté SwissSign.» Peter Delfosse restera fidèle à La Poste et au secteur des logiciels. En effet, il rejoint ensuite la société lucernoise Axon, qui vendra en 2022 la solution de comptabilité en ligne Klara de son ancien employeur, La Poste (voir chapitre «Au secours! Les multinationales arrivent!»).

Oracle, Solaris, MySQL, Linux – nous pouvons tout faire (ou pas)

Sur trois pages, Abacus annonce dans l'édition 1/2006 de son magazine clients rien de moins qu'un «saut technologique». À l'avenir, Abacus pourra être utilisé avec différentes bases de données telles que Microsoft SQL Server ou Oracle. Et ce, sur des ordinateurs fonctionnant sur différents systèmes d'exploitation comme Solaris (de Sun), Linux, Windows bien sûr, mais aussi avec Apple. Le multiplateforme n'a pas ou peu évolué. Aujourd'hui pourtant, Abacus est presque toujours exploité avec la base de données de Faircom et presque toujours sur des serveurs Windows. Comme serveur, on peut aussi utiliser deux dérivés de Linux, et comme base de données, on peut aussi utiliser Microsoft SQL. Mais pourquoi investir autant, à cette époque, et pourquoi communiquer aussi bruyamment ? Par ce que le marché l'exige, selon Claudio Hintermann. Même si «quand le marché réclame quelque chose, on ne sait pas encore s'il en veut vraiment». En outre, Abacus se rend compte que s'il est relativement facile de porter un logiciel sur un système d'exploitation tel que Linux, cela devient en revanche plus compliqué lorsqu'il faut assurer le support de la clientèle et des partenaires pour l'exploitation sur différents systèmes de serveurs et avec différentes bases de données pendant de nombreuses années.

Le thème de la multiplateforme, encore très présent en 2006, perd ensuite rapidement de son importance. En 2009, une success-story relate la réussite de la migration d'une base de données chez un client pilote, puis la base de données Microsoft SQL Server est encore mentionnée quelques fois. Il ne sera plus jamais question de Solaris, de My SQL ou d'Oracle (en tant que base de données).

Vautours, communes, mines d'or… et la refonte du logiciel

Comment l'État ne cesse de booster le secteur du logiciel. Ce que signifie « Management by Geier ». Comment Abacus a conquis de nouveaux marchés grâce à des solutions sectorielles. Et pourquoi le logiciel a été réécrit en partant de zéro.

Avec l'introduction de la TVA le 1er janvier 1995, l'État n'instaure pas seulement un nouvel impôt moderne, il fait également un énorme cadeau à Abacus et à toute la branche suisse des logiciels. Abacus réussit à lancer à temps de nouvelles versions du logiciel sur le marché. L'entreprise a du mal à suivre avec l'expédition des disquettes du software. En 1995, elle s'agrandit à plus de 50 personnes. Et dire que Claudio Hintermann avait clamé haut et fort qu'il ne voudrait jamais d'une entreprise de plus de 20 personnes...

Peu après, un autre cadeau tombe dans l'escarcelle du secteur IT: le «bug du millénaire». Comme les années dans les anciens programmes ne sont indiquées que par deux chiffres afin d'économiser de la mémoire, il existe un risque que les ordinateurs interprètent l'année 2000 comme 1900, ou ne l'interprètent pas du tout. À la fin des années 1990, la panique se répand dans le monde entier face à un éventuel crash ou à des dysfonctionnements de systèmes informatiques, par exemple dans la commande de centrales nucléaires ou de distributeurs automatiques de billets. Il s'agit donc de trouver et d'éliminer le «bug de l'an 2000» dans des milliards de lignes de code. On craint que cela n'entraîne des coûts gigantesques pouvant atteindre 600 milliards de dollars à l'échelle mondiale. Chez Abacus, le problème est connu et résolu depuis longtemps, comme me l'assure Daniel Senn: «Le problème Y2K m'est apparu pour la première fois en 1986, avec un décompte d'allocations familiales incorrect où l'enfant aurait eu 16 ans en 1901... À partir de 1990, nous avons adapté tous nos logiciels pour afficher des années à quatre chiffres.»

L'opinion publique suisse se manifeste relativement tard. Le premier article sur le sujet est sans doute publié dans le journal *Cash* le 13 septembre 1996. Deux ans plus tard, le Conseil fédéral nomme l'ancien directeur de banque et colonel d'état-major général Ulrich Grete «Mister 2000» à partir du 1er juillet

1998 et lui alloue un budget de 8 millions de francs. À partir de là, Ulrich Grete, surnommé « Monsieur Superflu » par l'Union des arts et métiers, sillonne la Suisse pour mettre en garde les PME contre le « problème Y2K ». L'effervescence liée au « bug du millénaire » stimule énormément le secteur IT et en particulier les fabricants de logiciels de gestion. Le chiffre d'affaires d'Abacus augmente de 17 % en 1997, de 30 % en 1998 et de 26 % en 1999, et le nombre d'employés passe de 84 à 132. De tels chiffres de croissance ne seront plus jamais enregistrés par la suite. Il en va probablement de même pour d'autres éditeurs de logiciels.

L'État stimule encore plusieurs fois les ventes des fournisseurs de logiciels. Ainsi, à partir du 1er janvier 2007, les administrations fiscales cantonales prescrivent un nouveau formulaire pour le certificat de salaire dont les salariés ont besoin pour remplir leur déclaration d'impôt. Ce qui, à son tour, pousse les PME à mettre à jour leurs logiciels ou à les remplacer complètement. « Nous nous attendons à une nette croissance du chiffre d'affaires », déclare Thomas Köberl à la *Handelszeitung* en décembre 2004. C'est ce qui se passe.

À partir de 2004 environ, la SUVA (Caisse nationale suisse d'assurance en cas d'accidents) travaille à la mise au point d'une procédure électronique uniforme de communication des salaires (ELM) pour différentes institutions telles que les assurances sociales, les assurances privées, les caisses de pension, les offices fiscaux ou l'Office fédéral de la statistique. Il en résulte une norme uniforme que les éditeurs de logiciels doivent mettre en œuvre. Avec les softwares de fournisseurs certifiés ELM, les PME observent un effet de rationalisation qui demeure significatif. L'introduction de la norme de déclaration des salaires se révèle aussi un argument de vente fort pour les nouveaux logiciels de gestion des salaires à partir de 2006. Et, à partir de 2009, l'introduction des nouvelles normes comptables MCH2 pour les communes suisses sera peut-être un booster encore plus important du chiffre d'affaires.

« Management by Geier » I – Communes et services municipaux

J'ignore quand Claudio Hintermann a étrenné l'expression « Management by Geier » lors d'une apparition publique. En tout cas, il aime l'utiliser et l'utilise souvent. « Nous ne sommes pas particulièrement bons, nous ne devons pas l'être. Il suffit de rester en vie et d'attendre que la concurrence meure. Thomi et moi sommes perchés comme des vautours (en allemand : « Geier ») dans un arbre et scrutons le désert environnant. ‹ Tu crois qu'il est encore vivant ? – Hmmm. Attendons un peu, je crois qu'il tressaille encore › », c'est à peu près le scénario du sketch de Claudio Hintermann.

Une fois de plus, le grand groupe américain NCR joue un rôle essentiel pour Abacus. Si NCR a réduit ses investissements dans les logiciels professionnels en 1985 (voir chapitre « La bière du vendredi », p. 50), elle est encore dominante dans certains secteurs – comme sur le marché attractif des logiciels destinés aux communes et aux institutions caritatives pour la distribution d'électricité et d'eau. En 1993, le groupe américain, qui appartient depuis 1991 au groupe de télécommunications AT&T, commence à développer en Suisse une nouvelle famille de logiciels commerciaux sous le joli nom de Karat. Erwin Buchegger et Thomas Peterer, qui connaissent bien les exigences des communes en tant qu'anciens collaborateurs du concurrent de NCR, Ruf Datensysteme, flairent une opportunité. Ils fondent la société Concept AG qui, en collaboration avec NCR, doit développer Karat pour les communes. Le progiciel devait être prêt en 1996. Thomas Peterer : « Nous étions prêts, mais pas nos amis chez NCR. » Thomas Peterer et Erwin Buchegger réussissent à vendre leur start-up à NCR et à sortir de l'ornière (financière). Ils semblent avoir du flair, car ils continueront à développer leur propre solution parallèlement à leur travail pour NCR. Cela

NCR : Groupe technologique américain. Fondé en 1884 comme fabricant de caisses enregistreuses. Racheté en 1991 par le géant des télécommunications AT&T. Aujourd'hui sous le nom de NCR, redevenu un fabricant de caisses, distributeurs automatiques de billets et autres produits similaires, qui emploie environ 38 000 personnes. Devrait à nouveau être divisé en 2023 afin de maintenir le cours des actions. Succursale suisse dans l'ancienne « NCR-Tower », aujourd'hui Glattzentrum, comptant près de 50 personnes.

s'avérera payant puisque NCR se retirera du marché des solutions sectorielles en 1996. Karat est enterré, la solution développée par Thomas Peterer et Erwin Buchegger pour les fournisseurs d'énergie et d'eau est vendue à une entreprise allemande, la solution pour les communes, y compris les quelque 300 clients, sont cédés à Ruf Datensysteme. En 1996, le duo fonde la société Innosolv. D'autres collaborateurs de NCR flairent également la bonne affaire. C'est ainsi qu'Erich Kleinhans, qui a développé pour NCR des solutions pour les administrations fiscales, part en 1992 pour rejoindre une petite entreprise appelée KMS. Celle-ci réussit à développer et à introduire une solution fiscale pour cinq cantons de Suisse centrale «en passant outre NCR» (selon Erich Kleinhans). KMS est en train de négocier avec NCR pour fournir la solution fiscale à Karat lorsque, en pleine discussion, l'équipe de négociation de NCR est licenciée. Logiquement, Innosolv entame des discussions avec KMS. Innosolv et KMS rassemblent ensuite leurs compétences au sein d'une entreprise commune appelée NEST (Neue Software Technologie für Städte/Gemeinden/Werke).

Retournons à nos «vautours», perchés sur leur arbre, suivant avec intérêt l'animation sur le marché des communes. «Notre clientèle attendait avec impatience une solution sans bug Y2K – mais nous avions encore besoin d'une solution financière. Abacus était très intéressée, car aucune commune n'était encore cliente», m'explique Thomas Peterer. Pour les «vautours», c'est le bon moment pour prendre leur envol. En collaboration avec Abacus, NEST propose aux communes un package complet (contrôle des habitants, institutions caritatives, impôts, finances, salaires). Avec cette alliance, Abacus s'aventure en terrain inconnu. La stratégie «Nous pouvons tout faire – nous développons toutes les applications nous-mêmes» n'a plus la cote. Un principe différent s'applique désormais, il s'agit de nouer des partenariats dans lesquels chacun fait ce qu'il fait le mieux.

Innosolv: Éditeur de logiciels de Saint-Gall. Emploie aujourd'hui plus de 50 personnes, numéro un sur le marché suisse pour les communes, les institutions caritatives et les paroisses.

KMS: Société de logiciels fondée en 1983. Développe depuis 1990 environ des logiciels pour les administrations fiscales des cantons et des communes. Emploie aujourd'hui plus de 100 personnes à Kriens, Matzingen et Zurich.

La nouvelle solution NEST/Abacus pour les communes est présentée à quatre occasions en 1997: NEST, l'alliance de KMS et Innosolv pour les logiciels spécifiques aux communes, Abacus pour les finances et OBT ou Tobit pour l'introduction auprès des communes. Le personnel de Tobit est également issu de l'environnement de NCR. Aujourd'hui, l'entreprise est toujours établie sur le marché des communes sous le nom de Talus. À la première des quatre manifestations, on présente un client pilote: la ville d'Uster. Si l'on en croit *Pages,* le magazine clients d'Abacus, la clientèle potentielle, malmenée par les remous de NCR, est ravie. «Une lueur d'espoir pour le marché des communes», pour citer par exemple le responsable informatique de l'administration municipale de Thoune. «Nous avons profité de la puissance marketing d'Abacus, qui à son tour a bénéficié de notre savoir-faire dans le secteur», me confie Thomas Peterer.

En se lançant sur le marché des communes, Abacus arrive sur un marché potentiellement très lucratif mais déjà occupé. Il n'y a pas une commune qui ne possède déjà une solution. Mais à cause du «bug du millénaire», elles sont toutes contraintes de moderniser leurs logiciels. Et les clients de NCR doivent de toute façon se mettre à la recherche d'un nouveau fournisseur. On prédit la mort rapide de l'alliance Innosolv/KMS et Abacus, et la concurrence, bien ancrée dans les communes, fait pression sur les clientes, selon Thomas Peterer. «Le bug Y2K a été un énorme accélérateur. Mais sans nos partenaires, nous n'y serions jamais parvenus.» Au début de l'année 2000, Abacus est fière d'annoncer qu'elle a déjà acquis comme clientes 184 communes de plus d'un million d'habitants.

Le marché des solutions pour les quelque 2000 communes suisses et les 1000 paroisses, auxquelles s'ajoutent plus de 600 fournisseurs d'électricité, environ 3000 services des eaux et une centaine d'usines à gaz, est aujourd'hui assez fermement entre les mains de l'alliance Innosolv/Abacus, comme le montre un coup d'œil sur les chiffres que Martin Riedener met à ma disposition. Sur le marché des logiciels pour les communes, Innosolv détiennent, fin 2021, une part de marché d'environ 40 %, le plus petit fournisseur suivant, Abraxas, étant loin derrière avec environ 20 %, tous les autres étant encore plus petits. Le géant allemand SAP et Innosolv se partagent le marché des fournisseurs d'énergie – des concurrents comme Abraxas, Axians Infoma, Dialog et d'autres suivent «de loin».

Quand les avocats sont meilleurs que les programmeurs

Quelques bouchées supplémentaires sont tombées dans le bec des «vautours» saint-gallois après le retrait de NCR. Par exemple celles d'IBM. Dans les années 1990, le géant américain de l'informatique est un acteur important sur le marché avec sa solution pour les communes portant le nom étrange d'ISOV (acronyme allemand pour «portefeuille de solutions des systèmes d'information pour les administrations publiques»). Il existe une solution pour les bureaux du registre foncier ainsi qu'une autre pour le contrôle des habitants et l'administration fiscale des communes. En 2005, plusieurs cantons et la ville de Coire commandent une nouvelle version de la solution de registre foncier chez IBM. Le projet échoue à grand fracas, le logiciel ne sera jamais terminé. IBM doit rembourser 3,9 millions de francs aux cantons lésés, qui ont en outre amorti d'autres millions. Le logiciel de contrôle des habitants de la famille ISOV soulève également des débats houleux – par exemple au parlement cantonal de Zoug. Bien que le Conseil d'État affirme que le projet ISOV est en bonne voie malgré les retards, il faut l'enterrer d'un coup en février 2013. La débâcle coûte 3,7 millions de francs au canton et aux communes. VRSG, concurrent saint-gallois acharné d'Abacus pendant de nombreuses années, est également impliqué (voir également le chapitre «Cette fois, ils sont allés trop loin»). En tant que partenaire IBM, VRSG exploite l'ancienne version 5 des solutions ISOV auprès de quelque 170 communes. La nouvelle version doit être introduite auprès de la clientèle en 2011, dit-on encore lors de l'assemblée générale de VRSG le 6 mai 2010. Ce dernier achète effectivement le nouveau logiciel à IBM et le paie sans doute, mais ne le mettra jamais en service. Au lieu de cela, VRSG annonce en juillet 2012 qu'il développera lui-même une nouvelle solution appelée Loganto. Celle-ci est ensuite installée, avec un certain retard, chez les premiers clients pilotes en septembre 2014. En revanche, le canton de Zoug opte pour NEST/Abacus en 2015 – les «vautours» ont à nouveau du travail. En 2020, à peine cinq ans après le lancement de Loganto, VRSG, qui s'est entretemps réfugié dans les bras d'Abraxas, remplace le logiciel par les produits d'Innosolv.

Étonnamment, tant le canton de Zoug que VRSG soulignent à chaque fois que le logiciel IBM est «pleinement opérationnel». On craint apparemment de rendre IBM publiquement responsable de la débâcle, ce qui me laisse penser que les avocats d'IBM ont été plus efficaces que les développeurs de logiciels.

ProConcept, IT&T, Ruf, encore VRSG, Dialog, T2i

NCR et IBM disparaissent du marché suisse des logiciels. D'autres entreprises sont vendues. Une fois, deux fois, trois fois, comme la jurassienne ProConcept (voir chapitre «Au secours! Les multinationales arrivent!»). Frustrés par les remous de

VRSG (Verwaltungsrechnungszentrums AG): Fournisseur saint-gallois de services IT pour les autorités. A appartenu à quatre cantons de Suisse orientale et à environ 130 communes. Fusionne fin 2017 avec le prestataire de services IT cantonal Abraxas. Le nom VRSG disparait en 2018.

Abraxas: Prestataires de services IT appartenant aux cantons et aux communes. Employait près de 850 personnes à fin 2021.

Eli Attiogbey, support technique, chez Abacus depuis 2021.

ces rachats, Laurent Gfeller et Stephan Nuzzolo, deux têtes pensantes de ProConcept, rejoignent Abacus en 2007 et 2008. Depuis, ils développent Abacus en Suisse romande – aussi sur le marché des communes, où ProConcept jouit d'une position dominante. En attendant (mai 2023), Abacus compte près de 100 communes romandes dans sa clientèle.

Le concurrent d'Abacus, IT & T (Information Technology & Trust), joue également de malchance avec ses propriétaires. Il développe une solution pour les communes appelée Newsystem Public sur la base de Microsoft Navision. En 2008, il est racheté par le grand développeur de logiciels allemand Infoma. De son côté, Infoma est une société sœur du distributeur de hardware IT Fritz & Macziol, dont IT & T est devenu la filiale par la suite. Fritz & Macziol a lui-même été avalé par le groupe néerlandais Royal Imtech en 2006. En 2010, IT & T remporte un contrat-cadre lucratif pour l'équipement de 290 communes en logiciels, dans le cadre d'un appel d'offres alors vivement critiqué par Abacus. Mais en 2014, Fritz & Macziol Suisse est pris dans la tourmente du scandale de corruption autour des achats effectués dans le cadre du projet informatique Insieme de la Confédération. Fritz & Macziol Suisse est liquidé, tandis que les Hollandais cèdent le gros de l'ensemble qui reste, y compris IT & T, au groupe français Vinci (autoroutes, aéroports, gestion des déchets, énergie) qui le place dans sa filiale informatique Axians. Aujourd'hui, la solution pour les communes est distribuée en Suisse par Axians sous le nom d'Infoma Newsystem.

Mais entretemps, la parenté d'Infoma Newsystem s'est élargie. Voici comment: en 1996, Ruf Informatik est dans une situation de départ idéale. Elle a acheté la solution NCR et sa base de clientèle, puis elle a repris une autre petite entreprise du nom de W&W Informatik. À l'époque, Ruf est probablement le numéro un sur le marché des communes. La solution NCR est mise au rebut et Ruf tente de fusionner ses deux solutions

Axians: Fournisseur mondial de services IT appartenant au groupe français Vinci. Emploie en Suisse près de 900 personnes dans différents domaines IT.

pour les communes, GeSoft et WWSoft, jusque vers 2005. Le projet échoue. Une dizaine d'années plus tard, Ruf tente encore de développer un nouveau logiciel pour les communes unifié appelé Publiweb et met en place des équipes de développement au Bangladesh. Mais l'entreprise est prise au piège de l'héritage (legacy trap)[10]: le logiciel est déjà devenu trop gros, le projet est donc trop complexe et trop cher. Il est annulé. En 2018, le groupe Ruf vend son entreprise de logiciels à Axians, qui possède depuis lors certes une vaste clientèle, mais aussi une solution moderne et deux solutions obsolètes. Si Axians promet de maintenir en vie les anciennes solutions, il est évident qu'elle veut attirer les anciens clients de Ruf vers Newsystem. Une situation de départ difficile, car la clientèle n'aime pas qu'on lui impose des choix de logiciels. Les «vautours», encore perchés sur leur arbre, observent.

En 2013, la saint-galloise VRSG joue une nouvelle fois de malchance en choisissant son fournisseur. Elle décide en effet de construire une nouvelle solution de gestion des salaires et du personnel sur la base du produit reconnu Xpert.HRM de Soreco. Près d'un an plus tard, on apprend que la ville de Saint-Gall, VRSG et le spécialiste RH Lehmann+Partner vont développer une nouvelle solution RH. Cela tourne mal, car le propriétaire de Soreco, la société Axon de Lucerne, vend la solution RH à la société allemande P&I en 2015. Il apparait assez rapidement que P&I, qui s'était renforcée grâce à l'argent du fonds d'investissement Permira, ne s'intéresse pas vraiment à la pérennité du logiciel suisse. Les contrats avec les partenaires sont résiliés et le support de Xpert.HRM est rapidement stoppé. En 2019, le moment est venu: la ville de Saint-Gall doit – après une longue et épuisante bataille juridique – lancer un nouvel appel d'offres pour l'acquisition d'une solution financière et RH (voir chapitre «Cette fois, ils sont allés trop loin»).

Le marché des logiciels pour les communes est attractif – tellement qu'un grand groupe suisse, La Poste, se jette dans la mêlée. En novembre 2021, cette dernière achète Dialog Verwaltungs-Data, un petit fournisseur de solutions pour les communes, et un an plus tard, le prestataire de services pour les communes valaisannes T2i. Si tant Dialog que T2i sont des acteurs établis sur ce segment, on ne sait pourtant pas quel rôle ils jouent en tant qu'élément d'un groupe logistique.

Croissance grâce aux solutions sectorielles

Les vautours du « Management by Geier » ne sont pas les seuls à avoir soutenu Abacus – les Saint-Gallois se sont bien aidés eux-mêmes. Par exemple, grâce au nombre croissant de solutions adaptées aux besoins de certains secteurs – ou « paramétrées » dans le jargon – en collaboration avec des partenaires. Ainsi, une entreprise de Gastrosuisse (Fédération de l'hôtellerie et de la restauration) lance dès 1998 une version du logiciel de gestion des salaires Abacus pour ses membres. Un autre exemple est l'interface avec une grande coopérative d'achat de papeterie pour le traitement des commandes d'Abacus. Il y a aussi la solution de branche pour les maisons de retraite, AbaCare, qui bénéficie de sa propre marque et de sa propre présentation marketing et dont on fait pour la première fois mention en 2000 en relation avec le partenaire Visura (aujourd'hui BDO). Citons encore Axclean (solution développée par le partenaire Axept pour les entreprises de nettoyage) et la solution pour imprimeries de Customize. Abacus ne cesse de développer des solutions sectorielles. C'est ainsi qu'en 2015, une solution pour la gestion des flottes de véhicules vient s'ajouter à la liste. L'élaboration de solutions sectorielles est intéressante pour Abacus, car la clientèle achète presque toujours les solutions financières et RH en même temps.

Certains progiciels annoncés dans la joie par Abacus n'apprendront toutefois jamais à voler de leurs propres ailes. Dans *Pages* 2/2005, une solution sectorielle pour les compagnies aériennes est annoncée. La compagnie aérienne Hello du pionnier bâlois de l'aviation Moritz Suter (Crossair) devient le premier client pilote. Pour Hello, ce sera goodbye le 21 octobre 2012, et je n'entendrai plus jamais parler de cette solution sectorielle.

De nouveaux marchés avec la gestion et la comptabilité des projets

Le développement d'une solution de gestion de projets ouvre de tout nouveaux marchés à Abacus. Et cela aussi, au début, est lié à l'histoire de NCR. Au lancement des solutions NEST/Abacus pour les entreprises d'électricité et d'eau (EE), on se rend compte qu'il manque une facturation de projet, me raconte Ursula Beutter, employée de longue date chez Abacus. Au sein d'un groupe de travail, et en collaboration avec Innosolv et les clients intéressés comme Energie Uster ou les St. Gallisch-Appenzellerischen Kraftwerke (SAK), elle évalue les besoins. Ce qu'elle résumera ainsi: «Nous avons développé AbaProject jusqu'à ce que la solution soit utilisable pour les EE.» Plus tard, les exigences d'autres branches viendront s'y ajouter. Un groupe de médias a par exemple besoin d'une solution de facturation – Abacus la programme. Plus tard encore, AbaProject permettra aussi de développer des solutions maison. La facturation des projets devient ainsi un élément central (et un générateur de chiffre d'affaires) au sein des programmes Abacus. Elle l'est encore aujourd'hui.

AbaProject: Groupe de logiciels pour les prestataires de services de tous types. Devient la base de nombreuses solutions sectorielles et aussi la condition préalable à l'expansion en Allemagne.

Sur la base d'AbaProject, une solution sectorielle pour les entreprises de planification et une autre pour les hôtels sont ajoutées en 2004, suivies en 2005 d'un logiciel pour Spitex. En 2005 également, Abacus conçoit une nouvelle solution pour la gestion des services et des contrats, qui est encore aujourd'hui un important générateur de chiffre d'affaires.

La pénétration du marché de la construction est un grand pas pour Abacus. En 1997, le groupe de construction Zschokke (aujourd'hui Implenia), alors coté en bourse, décide de mettre en place une comptabilité financière à l'échelle du groupe avec l'aide Abacus. Pour cela, il faut que le logiciel représente individuellement les secteurs d'activité qui doivent présenter des comptes annuels séparés. Avec Zschokke, les Saint-Gallois réussissent pour la première fois à attirer une grande entreprise. Et ce n'est pas tout: Zschokke charge aussi Abacus de concevoir une solution pour son «Werkhof», afin de pouvoir traiter l'énorme parc de machines d'une entreprise de construction également sur le plan comptable. Une tâche complexe, car il faut pouvoir amortir des valeurs, attribuer des prestations de machines à des projets de construction et les facturer en interne ou en externe. Le groupe Zschokke paie la nouvelle solution, mais il fusionne en 2006 avec Batigroup pour former l'actuelle Implenia dont il reprend système informatique. «La solution Werkhof nous a ouvert les portes du secteur de la construction», me raconte Ursula Beutter.

Mais le chemin du lucratif marché de la construction n'est pas linéaire. En effet, de 1999 à 2004, Abacus fait la promotion d'une solution de construction en collaboration avec le fabricant de logiciels Sorba, également basé à Saint-Gall. Leur collaboration s'interrompt en 2004 en raison des voies – pour le moins – opposées qu'ils prennent. En 2005, Abacus annonce sa propre solution de construction, dont le décompte de projet et le centre d'entretien constituent des éléments centraux. En

2007, la solution est présentée au salon Swissbau à Bâle – apparemment avec un grand succès. Depuis lors, presque chaque numéro du magazine clients *Pages* annonce de nouveaux projets de clients dans le secteur de la construction. L'acquisition du grand groupe de construction Walo comme client constitue un grand pas en avant. «Pour Walo, nous avons conçu des solutions pour la comptabilisation au-delà des domaines d'activité. Le fait que nous puissions le faire nous a permis d'acquérir Kibag comme client», souligne Ursula Beutter.

Avec AbaProject et le logiciel de gestion des services et des contrats, Abacus acquiert de plus en plus de moyennes et grandes entreprises et donc de users. Y compris dans d'autres secteurs. Typiquement, celles-ci achètent ensuite d'autres modules Abacus, comme la comptabilité financière et les solutions salariales et RH – un modèle commercial extrêmement lucratif.

Grandes annonces et refonte totale du logiciel

En automne 2004, Abacus donne pour la première fois un beau nom percutant à une nouvelle génération de logiciels. Il s'agit de démontrer aux partenaires, aux clientes et clients, et au monde entier, qu'Abacus (et donc sa clientèle) est à la pointe du progrès. Au moins pour moi, en tant que journaliste, la stratégie fonctionne. Je suis convaincu que digital erp, présenté par Abacus le 19 novembre 2004 dans le très chic hôtel Widder de Zurich, sera l'accomplissement d'une promesse de longue date: s'affranchir du papier. Digital erp se base sur la norme de document PDF ainsi que sur les signatures numériques juridiquement valables à l'avenir. Dans *Inside IT,* je prédis à cette époque une poussée massive de rationalisation dans les entreprises et la fin des archives papier. Et j'écris: «Un DVD au lieu d'environ 500 classeurs». Mais cela n'ira pas aussi vite.

En 2006, une nouvelle annonce importante suit lors de la conférence des partenaires. L'ère de l'ordinateur personnel est révolue et l'Internet occupe désormais une place centrale. À l'avenir, les logiciels ne seront plus installés sur un PC, mais sur un serveur et utilisés via Internet sur un UltralightClient[11]. Bien que la proclamation de la «fin de l'ère du PC» arrive plutôt tard – la *NZZ* a déjà publié le 16 juin 2000 une «Rétrospective de l'ère du PC» –, elle s'avère quand même prématurée. «Il était clair pour nous que nos programmes ne fonctionneraient pas dans le monde de l'Internet. Car la logique se trouvait encore dans les programmes Abacus sur le PC», fait remarquer Daniel Senn. Le défi est de taille, car Abacus estime que la qualité des environnements de développement existants ne suffit pas et qu'il faut en programmer un soi-même. Daniel Senn: «Notre façon de programmer était influencée par Dataflex et Delphi. Et nous voulions retrouver ces fonctions.» Un environnement de développement offre des sous-programmes préprogrammés et de nombreux outils. «Nous avons donc dû programmer simultanément les composants du programme ainsi que les applications Abacus», explique Daniel Senn. À cela s'ajoutent les interfaces graphiques pour PC, Mac et smartphones pour les users du logiciel. Après quelques recherches et une impasse à New York, Abacus tombe sur l'entreprise bâloise Canoo, qui propose une bibliothèque pour la construction d'un UltralightClient.

Depuis le lancement du projet en 2007, l'équipe reprogramme entièrement le logiciel Abacus, étape par étape, avec environ 18 applications et 1000 modules de programme. Les premiers programmes seront prêts en 2008, d'autres suivront progressivement jusqu'en 2013. Daniel Senn: «Ce projet nous a pris cinq ans et les risques étaient grands. Mais échouer n'était pas une option.»

Pour compliquer les choses, Abacus se met constamment sous pression au cours du projet: dès le printemps 2007, elle lance un produit au nom compliqué, AbaWebFiduciaire, et saute dans le train du «SaaS» (pour «software as a service»). Le logiciel et la puissance informatique nécessaire ne doivent plus être achetés, mais sont obtenus sous forme de service par abonnement ou facturés selon les besoins. Condition préalable pour AbaWeb: le nouveau développement en Java[12]. Daniel Senn: «Nous avons fait avancer la comptabilité financière à toute vitesse.» La pression s'accroit encore lorsqu'Abacus présente les premiers programmes de la nouvelle génération Abacus vi (version Internet) lors de la réunion des partenaires en automne 2009.

Nager ou couler

Tout comme le passage à des programmes pour PC Windows dix ans plus tôt, le projet Java-ULC s'avère décisif pour la survie d'Abacus. Daniel Senn: «Nous n'avons pas fait de budget des coûts. C'était clair: soit on nageait, soit on coulait. Nous avons augmenté notre personnel d'environ 50%. Ces mêmes équipes ont dû adapter les solutions existantes aux nouvelles exigences tout en réécrivant les programmes. La pression était énorme.»

La pression ne vient pas seulement de l'intérieur, mais aussi du marché. Sous le slogan «No Software», l'éditeur américain de logiciels Salesforce.com triomphe avec une solution de location pour les processus de vente et les relations clientèle, pour laquelle seul un PC avec un navigateur Internet et une connexion suffit. Abacus doit répliquer, mais la voie vers sa propre offre «SaaS» est un véritable champ de mine. Pour les

Saint-Gallois, impossible de proposer le logiciel directement et à partir de ses propres serveurs. En effet, d'une part, cela détruirait leur canal de distribution via des partenaires et, d'autre part, ils n'auraient pas du tout la capacité en termes de personnel pour conseiller et adapter le logiciel. La solution prend donc le nom d'AbaWebFiduciaire.

«La révolution mobile»

L'automne 2010 voit l'arrivée dans le monde des smartphones et des tablettes. Lors de la conférence annuelle des partenaires, Claudio Hintermann présente une solution pour les iPads d'Apple: AbaCockpit pour l'affichage d'extraits et d'infographies. En 2012, la première solution de saisie de données pour le logiciel de gestion de projet AbaProject arrive sur iPad – en quelque sorte la mère de l'application iPhone et Android actuelle AbaClik. En juin 2012 déjà, l'application iPad est dotée de fonctions supplémentaires pour la gestion immobilière, la technique de service ou le traitement des données RH. D'autres applications iPad suivront rapidement à partir de 2013, comme une solution pour AbaBau ou pour la gestion des contrats. En 2014, Abacus lance la première version d'AbaClik, une application pour iPhone et, plus tard, pour smartphones Android. Avec AbaClik, il est possible de saisir des frais ou des heures de travail, de les attribuer à des projets et de les transmettre aux solutions Abacus. En 2015, une deuxième version améliorée et étendue suit déjà. Depuis, AbaClik est devenu un produit phare dans la stratégie de l'éditeur de logiciels.

Autre grande étape: le développement d'un «process engine», évoqué pour la première fois lors de la conférence des partenaires 2012. Avec un tel système, il est possible de déter-

AbaWebFiduciaire: Aujourd'hui AbaWeb. La version «as a service» des solutions Abacus. Proposé par l'intermédiaire de partenaires, généralement des fiduciaires, qui gèrent également l'infrastructure. Actuellement (mai 2023), près de 19 000 clientes et clients ont environ 36 000 abonnements à ce logiciel.

miner plus librement les processus de travail au sein du logiciel, sans avoir à programmer. En annonçant un tel complément, Abacus surfe sur la vague des solutions BPM[13] (Business Process Management, gestion des processus d'entreprise). Aujourd'hui, le BPM fait partie des éléments essentiels du logiciel Abacus, à l'instar du produit appelé Prozessdesigner. Il devrait prendre encore plus d'importance avec la dernière génération du logiciel Abacus (Abacus Deep – voir chapitre «La nouvelle Abacus»).

«Management by Geier» II – Artisans

Pendant longtemps, la présence d'Abacus sur le marché des solutions pour les artisans, ce que l'on appelle le second œuvre, reste marginale. Il s'agit des milliers d'électriciens, plâtriers, peintres, installateurs sanitaires, couvreurs, menuisiers et autres spécialistes de la construction. Les exigences envers le logiciel sont aussi particulières et spécifiques à la branche que les artisans sont économes.

En 2007, Abacus rachète la société Arco Software. Ensemble, ils veulent développer une solution standard pour le second œuvre – en s'appuyant bien sûr sur AbaProject. Mais le projet ne décolle pas vraiment jusqu'à ce que la concurrence vienne une nouvelle fois en aide aux «vautours» d'Abacus: l'un des concurrents (autrefois) surpuissants d'Abacus, la société Plancal, a développé et vend directement des solutions de gestion, mais aussi un logiciel de CAD pour le second œuvre. Le directeur des ventes, puis directeur général, est un certain Marcel Kupferschmied, qui a quitté NCR pour rejoindre Plancal en 1987. «Je connaissais Abacus. Lors des salons, ils avaient un stand deux fois plus grand que le nôtre, mais jamais de visiteurs», raconte Marcel Kupferschmied lors d'un entretien. Plancal est cédée en 2012 au groupe américain Trimble. Quelques jours après la vente, les développeurs du logiciel de Pancal sont licenciés. L'un des managers américains dit à Marcel Kupferschmied que le groupe a suffisamment de logiciels et qu'il n'a qu'à en choisir un. Mais les solutions commerciales – et les logiciels pour artisans de toute façon – doivent répondre à des exigences très locales, et Marcel Kupferschmied ne les trouve pas chez Timble. Il propose donc au groupe de collaborer avec Abacus. Sa proposition est rejetée lors d'une réunion de managers à Denver. Selon eux, les artisans suisses ne remarqueront de toute façon pas si leur logiciel vieillit et continueront à payer sagement les frais de maintenance. Marcel Kupferschmied en a assez et se retrouve un peu plus tard à déjeuner avec Daniel Senn et Claudio Hintermann dans un bistrot au bord du lac des Quatre-Cantons.

Le résultat de ce déjeuner peut se visiter aujourd'hui à Thalwil, où se trouve Abacus Business Solutions. Avec la filiale de Thalwil dirigée par Marcel Kupferschmied, Abacus se lance dans un tout nouveau modèle commercial. Au lieu de passer exclusivement par des partenaires, comme jusqu'à présent, l'entreprise de Thalwil distribue directement le logiciel. Et au lieu d'adapter la solution à chaque client, il n'existe que trois versions. Marcel Kupferschmied, un commercial habile qui a grandi dans un quartier bigarré de Zurich, me raconte l'histoire: «En huit ans, Abacus n'avait acquis qu'une soixantaine de clients dans l'artisanat grâce à l'ensemble de ses partenaires de distribution. Ceux-ci se concentraient sur les grandes entreprises comme Kibag, Walo ou Spross. Mais un ferblantier à la campagne avec 20 employés ne les intéressait pas. Il y avait alors environ 4000 installateurs techniques. J'ai dit à Claudio: ‹Si tu me fournis un bon logiciel et que nous mettons en place

Abacus Business Solutions SA: Filiale d'Abacus Research. Avec quelque 60 collaboratrices et collaborateurs, distribue le logiciel Abacus directement à sa clientèle dans le secteur de la construction. Considéré comme un partenaire par la société mère.

une solide machine de distribution, ça sera une sorte de licence pour imprimer de l'argent. ›» Bien sûr, les bruits de couloir ne manquent pas. Lors de la conférence des partenaires 2015, les distributeurs d'Abacus font entre eux des paris sur l'échec de la vente directe. Et, selon Marcel Kupferschmied, même en interne, les «sauvages» de Thalwil ne sont pas appréciés de tout le monde.

Les sceptiques se trompent. Marcel Kupferschmied fait venir plus de dix personnes de Plancal et lance un roadshow dans toute la Suisse. «J'ai dit à mes clients que je leur avais promis un nouveau logiciel à l'époque où j'étais encore chez Plancal. Il avait simplement un autre logo», me raconte Kupferschmied. «La première année, nous avons vraiment sué parce que Plancal était encore meilleur. Nous avons alors construit trois standards simples et avons acquis 80 clients la première année. Et depuis, chaque année, une centaine en moyenne s'y ajoutent.» Avec les solutions de branche d'AbaBau, l'équipe de Thalwil acquiert non seulement des entreprises artisanales de taille moyenne, mais aussi de grandes entreprises comme le groupe Burkhalter. Marcel Kupferschmied: «Aujourd'hui, nous gagnons aussi contre SAP et Microsoft Dynamics.» Contrairement au marché des logiciels financiers, Abacus n'est pas le numéro un dans l'artisanat du bâtiment. Optiwork de Rotkreuz, par exemple, est un concurrent de taille. Mais la société sera aussi vendue en 2021 par son ancien propriétaire, une entreprise allemande de logiciels, à une société d'investissement américaine. Les «vautours» observent avec intérêt.

«Management by Geier» III – Solution immobilière

En 2008, Abacus annonce son intention de concevoir une solution pour les régies immobilières d'ici 2010. Cela prend ensuite un peu plus de temps, mais en 2011, le logiciel est introduit auprès des premiers clients pilotes. Martin Riedener me raconte comment Abacus a eu l'idée de concevoir une solution sectorielle pour les gérants d'immeubles, les coopératives de construction et les promoteurs immobiliers. L'histoire commence en 2005, lorsque la société de logiciels paneuropéenne Aareon s'adresse à Abacus parce qu'elle veut une solution salariale pour sa solution immobilière suisse Rimo R4. On paramètre donc le logiciel de gestion des salaires pour le secteur immobilier. Mais l'actionnaire majoritaire d'Aareon, une banque allemande, cède l'activité suisse en 2008 à W&W, un concurrent d'Abacus, qui vend encore aujourd'hui Rimo R4 en Suisse. Martin Riedener: «Nous étions en plein projet Java et avions donc suffisamment à faire. Tard un mardi soir, Dani et moi nous sommes assis dans le fumoir pour chercher une solution. Mercredi, nous nous sommes réunis une nouvelle fois et jeudi, nous présentions une proposition au personnel de Rimo qui n'appréciait pas la vente de leur employeur.» C'est ainsi qu'est créée en 2008 la société Aandarta, qui développera pour le compte d'Abacus une solution logicielle pour le secteur immobilier. Le 1er janvier 2012, le premier client introduit AbaImmo (le nom que devait naturellement porter le logiciel). Aandarta existe encore aujourd'hui et propose ses propres développements en collaboration avec AbaImmo.

«Management by Geier» IV – enfin en Suisse romande

Jusqu'en 2007, Abacus connait peu de succès en Suisse romande où elle n'a qu'un employé permanent et trois partenaires (voir chapitre «Impasses, errements et détours»). Seules les solutions financières et salariales se vendent. Mais une fois de plus, la concurrence vient à la rescousse. Après la vente à Sage, certains membres du personnel ne se sentent plus à l'aise chez le concurrent ProConcept (voir chapitre «Au secours! Les multinationales arrivent!», p. 74). Les «vautours» perchés sur leur arbre redoublent d'attention. Parmi les mécontents, il y a le responsable marketing Laurent Gfeller et le top vendeur Stephan Nuzzolo. Le premier rejoint Abacus en automne 2007, le second le suit en été 2008.

En premier lieu, Laurent Gfeller fait traduire la gestion des commandes et le logiciel de production (GPAO) dans une langue adaptée à la Suisse romande. Dans un deuxième temps, le duo, accompagnés chacun d'un revendeur, fait le tour des nouveaux clients potentiels. «En 2009, la direction nous a dit que nous devions trouver plus de distributeurs en Suisse romande», se souvient Laurent Gfeller. Une fois encore, la concurrence vient à la rescousse d'Abacus: certains spécialistes de ProConcept se mettent à leur compte et se laissent convaincre par leurs anciens collègues de devenir ses partenaires.

Dès 2012, Laurent Gfeller et Stephan Nuzzolo engagent du personnel et emménagent dans un bureau à Bienne. Laurent Gfeller: «Nous avions plus de clients et avions besoin de plus de personnes dans le support, y compris pour le traitement des commandes et la GPAO». Une fois de plus, la «technique du vautour» (selon Laurent Gfeller) entre en jeu. En effet, le grand acteur du marché romand des logiciels Ofisa Informatique se demande s'il doit continuer à développer ses solutions pour les communes et la gestion immobilière par ses propres moyens. Laurent Gfeller: «Nous sommes arrivés au bon moment. Après 18 mois de discussions, nous avons réussi à les convaincre d'abandonner le développement et de migrer peu à peu leur clientèle vers Abacus. Ofisa Informatique servait environ 250 communes, 40 gestionnaires d'immeubles et 400 PME – un potentiel énorme.» Abacus développe rapidement son support clientèle à Bienne. Là, quiconque a de l'ambition évolue vers le conseil car, selon Laurent Gfeller, «nos (nouveaux) partenaires avaient bien trop peu de ressources». «Gagner Ofisa nous a permis de percer. À partir de 2014 ou 2015, nous savions que nous étions sur la bonne voie.»

Notes

10 Piège de l'héritage (legacy trap) : les logiciels sont utilisés pendant de nombreuses années, souvent des décennies. Durant cette période, ils sont développés et complétés à la demande de la clientèle. De ce fait, il devient toujours plus difficile et coûteux de se renouveler pour répondre à de nouvelles exigences ou technologies.

11 UltralightClient (ULC) : une interface graphique sophistiquée est fournie aux users pour l'utilisation de logiciels situés sur un serveur distant.

12 Java : langage de programmation orienté objet. Le principal avantage des programmes Java est qu'ils fonctionnent sur différents systèmes informatiques sans qu'il soit nécessaire de les reprogrammer.

13 Logiciel de BPM : outils pour la définition et la conception de processus d'entreprise. Ils doivent ensuite être directement mis en œuvre dans des logiciels.

È un gruppo di pazzi

Abacus vue de l’intérieur à Wittenbach, à Saint-Gall, dans le quartier de St. Fiden et à Bienne, par Manu Friederich.

Lorsqu'en août 2002, Abacus inaugure son nouveau siège social sur le site de l'ancienne fabrique de briques de Wittenbach, près de Saint-Gall, les journaux suisses ne tarissent pas d'éloges. Le *St. Galler Tagblatt* titre «Un bâtiment d'exploitation audacieux», tandis que *Bilan* et la *NZZ* ont trouvé des allitérations, «Dasein im Design» *(Bilan)* et «Im Bauch des Baukörpers» *(NZZ)*. Avec ce nouveau bâtiment, Abacus réussit un coup de maître au moment où le secteur des logiciels en Suisse vit une phase très agitée. Peu avant, le crash de la nouvelle économie et l'effondrement des stars de la bourse Miracle, Complet-e et Think Tools (voir chapitre «Cupidité et mégalomanie») jetaient une lumière crue sur le secteur. Et en mars 2002, le géant allemand des logiciels SAP faisait une entrée fracassante sur le marché suisse des PME (voir chapitre «Au secours! Les multinationales arrivent!»). La presse spécialisée et économique se demande si les fabricants locaux comme Abacus ont encore une chance. En plein milieu de cette période d'incertitude, Abacus ouvre un siège social unique, aménagé de manière ludique, comprenant un centre de fitness, un restaurant gastronomique, une très bonne pizzeria et un auditorium. Abacus investit quelque 18 millions de francs, rapporte *Bilan*, enthousiaste: «Au lieu d'options, de yachts ou de maisons de vacances, un nouveau bâtiment d'entreprise». L'ouverture de l'AbaHome à Wittenbach est un triomphe.

Le concept architectural du remarquable bâtiment de Wittenbach est dû à trois architectes italiens, Alberto Cavazzano, Silvio Stefani et Manuel Emanuele Vassanelli. Il a été réalisé par l'architecte James Nef. J'ai rencontré Silvio Stefani en mars 2023 sur le chantier du nouvel immeuble de bureaux d'Abacus dans le quartier saint-gallois de St. Fiden. C'est lui qui, avec l'obsession du détail, a conçu l'architecture intérieure de tous les bâtiments d'Abacus jusqu'à ce jour. On reconnait sa griffe dans chacun des bureaux d'Abacus, aménagés indivi-

Silvio Stefani: Architecte et décorateur d'intérieur, «alchimiste de l'espace». Gère avec sa femme Elisabetta dans la région de Trévise la Locanda Rosa Rosae, un restaurant avec pension dans un moulin de la Renaissance restauré.

duellement : au centre, il y a toujours un bar, et chacun des sites d'Abacus dispose de beaucoup d'espace pour se rencontrer. Le bois, la pierre, le cuir, les plantes et le fer (rouillé) sont importants ; de nombreux meubles comme les tables, les tabourets et les chaises sont fabriqués à la pièce, les sols sont souvent personnalisés. Il semble qu'aucun effort n'est négligé pour créer pour chaque site une identité propre et unique. Voici la réponse de Silvio Stefani à ma question sur sa perception d'Abacus : « È un gruppo di pazzi. » Un groupe de fous.

Le génial architecte d'intérieur adapte l'aménagement aussi bien aux personnes sur place qu'aux lieux eux-mêmes. Sur le site d'Abacus dans la ville industrielle de Bienne, par exemple, un conteneur de bateau désaffecté a été transformé en bar à café, tandis que les bureaux d'Abacus dans le quartier d'affaires de la banlieue zurichoise de Thalwil ont plutôt une allure froide et technique. Il est également frappant de constater que les plus beaux espaces sont systématiquement réservés au personnel, pour prendre un café ou jouer ensemble.

Mauler
MAISON FONDÉE EN 1829

Le principe de la pâte feuilletée

Par Lukas Tobler

De ma première visite dans un restaurant étoilé. Et de la tentative infructueuse de comprendre de quoi il retourne réellement au «Segreto» situé au siège d'Abacus.

Si un plat a l'air ordinaire, dit le chef Martin Benninger, il doit d'autant plus convaincre par son goût, et surprendre. Il semble content d'entendre que je viens de déguster le meilleur dessert de ma vie : « Chocolat aux noisettes et au caramel salé ». À l'oreille, ce n'est pas très original. Et à l'œil, pas forcément non plus. Mais après ce dessert créé par Martin Benninger, où le chocolat intense et tiède et le caramel salé beaucoup plus froid au fond du petit pot se fondent si merveilleusement l'un dans l'autre, je quitte le restaurant dans l'après-midi en me demandant si je ne devrais pas tout chambouler dans ma vie – et devenir journaliste gastronomique. Ou alors informaticien.

Le restaurant Segreto du siège social d'Abacus est distingué par 16 points Gault&Millau et une étoile Michelin. Il y a une fontaine devant l'entrée, et un joli jardin devant la baie vitrée. À l'intérieur, les chaises sont recouvertes de velours bleu-vert chatoyant. Selon la description enthousiaste du Guide Michelin, l'atmosphère a une « touche méditerranéenne ». Mais jusqu'à présent, j'ai rencontré peu de restaurants dans les pays méditerranéens qui soient aussi opulents. Peu importe au fond, puisque nous sommes ici à Wittenbach.

C'est un jeudi midi ordinaire. Le serveur remplit nos verres de Bordeaux 2012. Au centre du petit local, une longue table est occupée par un grand groupe qui ne donne pas l'impression d'être composé de CEO ou de membres du conseil d'administration glamour. Yvonne Seitz, responsable RH au sein de la direction, a invité son ancienne équipe, nous dit-elle. Pour se retrouver en toute convivialité.

Pata Negra pour commencer, petits pains frais et beurre en forme de Cervin, coquilles Saint-Jacques « plongées à la main » dans une sauce au champagne rosé. Le sympathique serveur répond aux regards interrogateurs que toutes les coquilles Saint-Jacques sont en fait « plongées à la main » – peu importe ce que cela signifie exactement, car là encore, cela n'a aucune importance. Et puis Martin Benninger apporte à la table, pour le rituel du découpage, un bar de l'Atlantique entier en croûte de sel. C'est l'un des deux poissons qui seront sacrifiés ce jeudi midi au Segreto, sur l'autel du secteur informatique en plein essor. Pendant ce temps, le serveur m'apporte un strudel de caille au thym, aux morilles et aux asperges. La pâte feuilletée est faite maison. Mais pourquoi ?

Il se fait tard. On commande de la grappa et du café. Sans même qu'on le demande, quelques chocolats sont servis en plus. La plupart des clientes et clients ont quitté le restaurant entretemps. Peut-être ont-ils retrouvé leur bureau maintenant. Pour ma part, j'ai trop bu. « Parce qu'il le faut bien », répond le serveur, presque agacé par ma question sur la raison pour laquelle on se donne ici la peine de plier soi-même même cette fichue pâte feuilletée dans la cuisine. « C'est une question de principe. »

Lukas Tobler est journaliste à la *WOZ Die Wochenzeitung* à Zurich.

Martin Benninger, chef de cu sine depuis 2010, Segreto.

«Cette fois, ils sont allés trop loin»

Un chapitre sur la fierté et l'intrépidité. Sur une question prise à la lettre, une association anti-Abacus et une dispute avec le plus important partenaire. Et quelques anecdotes sur les batailles d'Abacus avec presque toutes les communes du canton de Saint-Gall et même avec La Poste Suisse.

Vers 1986, un petit groupe de programmeurs fonde la société Abakus Software Service AG à Zurich. Assez rapidement, une entreprise Abacus de Saint-Gall exige dans une «lettre agressive» qu'elle change de nom, me raconte Dominik Eichhorn, l'un des fondateurs d'Abakus. Cela ne les inquiète pas car ils avaient déjà, depuis bien avant, une société en commandite portant le même nom. Mais en 1987 ou 1988 – les souvenirs de Dominik Eichhorn sont flous – Abacus porte plainte devant le tribunal de commerce de Zurich. Le juge décide qu'Abacus (avec un c, de Saint-Gall) peut forcer la jeune Abakus AG (avec un k, de Zurich) à changer de nom. Mais aussi, que l'ancienne Abakus KG (la société en commandite, avec un k, de Zurich) peut obliger la plus jeune Abacus à se rebaptiser. Il est convenu qu'Abakus Software Service AG changera de nom pour devenir Abakus Informatik AG et recevra en échange 50 000 francs d'Abacus. Dominik Eichhorn et son équipe sont contents.

Tous contre Abacus

«SwissSoft n'est qu'une association anti-Abacus.» Je ne sais plus qui m'a dit cela – probablement Michael von Babo, éditeur du magazine *IT Reseller* et mon patron de 1999 à 2003. Dans un grand article sur SwissSoft paru dans le magazine précurseur *PC Business!* en décembre 1997, il écrit que c'est le conflit opposant des fournisseurs de logiciels suisses à l'Union suisse des arts et métiers (USAM) qui a donné l'impulsion initiale à la création de cette association éphémère. Parmi ses premiers membres figurent des noms connus comme Miracle, Simultan, Ruf, Softinc (Sesam) et KHK. Le litige porte sur un élément central de toute comptabilité en partie double: le plan comptable – la base de tout logiciel de comptabilité financière. En 1996, l'USAM publie une version remaniée par Walter Sterchi de l'ouvrage standard «Plan comptable suisse PME». Futée, Abacus – ayant collaboré à l'ouvrage de base dès 1994 et notamment développé à ses frais un programme de démonstration envoyé gratuitement aux clientes et clients potentiels – avait obtenu en contrepartie de l'USAM le droit exclusif de livrer le plan comptable avec son logiciel de comptabilité pour l'année 1997. Le livre de Walter Sterchi, encore aujourd'hui un best-seller, est accompagné d'une version démo de la Cofi Abacus. Les concurrents d'Abacus devaient payer une licence de plusieurs dizaines de milliers de francs pour utiliser le plan comptable. Certains fondateurs de SwissSoft portent l'affaire devant les tribunaux – et gagnent à Zoug et à Lucerne. «Un tribunal stoppe une bande d'arnaqueurs», titre un certain Peter Révai dans le magazine *Computerworld* en décembre 1997. Ce dernier s'attire immédiatement les foudres de l'USAM et une lettre incendiaire de Thomas Köberl à l'éditeur: «Ce qui est scandaleux à nos yeux, c'est que certains fabricants de logiciels se soient servis de ce cadre comptable ...»

Plus tard, le journal écrira que l'USAM s'est «fait avoir» par les tribunaux supérieurs de Lucerne et de Zoug et aurait dû faire appel des jugements. Peter Révai se met à son compte en 2000, devient en 2005 brièvement directeur de Simsa, l'organisation qui succède à SwissSoft, et participe depuis de nombreuses années à la rédaction de *Pages,* le magazine destiné aux clients d'Abacus.

Walter Sterchi, Herbert Mattle, Markus Helbling: Plan comptable suisse PME. Éditions SKV, 2e édition 2023.

Une querelle avec le plus important et le plus grand partenaire

«Cette fois, ils sont allés trop loin. Ça ne peut rien donner de bon. Mais ne me cite pas.» C'est ce que j'ai entendu de temps à autre dans la bouche des patrons d'entreprises partenaires ou concurrentes d'Abacus. À chaque fois, ils ont eu tort. Comme la première fois, dans l'histoire d'OBT l'infidèle.

En décembre 2002, la sonnette d'alarme retentit fort, très fort, chez Abacus. En effet, la fiduciaire OBT, ayant aidé Abacus à percer en octobre 1986 (voir chapitre «Un paquet de bâtonnets de poisson coûtait 2 francs 80») et devenue son principal partenaire, se jette dans les bras de son concurrent le plus dangereux. OBT annonce qu'elle distribuera désormais aussi la solution Business One de SAP pour PME. Le porte-parole d'OBT, Urs Saurenmann, me confie à cette époque que l'on peut très bien s'imaginer utiliser Business One pour les processus de vente et Abacus pour les finances. Assurément, la fierté des Saint-Gallois en prend un coup car, eux aussi le savent, la solution de vente Abacus (gestion des commandes) n'est pas encore aboutie. Si son plus grand partenaire opte pour un produit concurrent, cela pourrait représenter un danger. Sans compter que les partenaires de premier plan comme OBT se sont engagés à distribuer exclusivement Abacus[14]. La réaction des Saint-Gallois ne se fait pas attendre. Dans une lettre adressée à ses partenaires commerciaux, Claudio Hintermann et Daniel Senn annoncent qu'ils retirent à OBT son statut de partenaire le plus élevé. De manière inhabituellement abrupte en Suisse, on remet même en question «la poursuite de la collaboration avec OBT». Abacus retire ainsi d'un coup beaucoup d'argent à son partenaire de loin le plus important, et le menace d'une rupture radicale. Le milieu attend avec impatience la réaction de la puissante OBT. Elle arrive en janvier 2004 – et c'est une retraite. OBT externalise ses activités avec SAP Business One, qui sont de toute façon moins brillantes qu'espéré (voir chapitre «Au secours! Les multinationales arrivent!»), et récupère son statut de partenaire le plus élevé. Deux ans et demi plus tard, c'est la capitulation: OBT vend la filiale qui gère l'activité Business One à MTF Data.

Un appel d'offres pour un logiciel communal – sans Abacus

Le retrait de NCR et d'IBM du marché des logiciels pour les communes ouvre une opportunité en or pour Abacus et son partenaire NEST. En novembre 2009, l'Association suisse pour l'informatique dans les villes et les communes (SSGI) lance un appel d'offres pour l'acquisition d'un logiciel communal pour un maximum de 290 communes. Malgré le grand potentiel, Abacus/NEST, tout comme son concurrent Ruf, n'y répondent pas: l'appel d'offres exige que le fournisseur accorde à ses clientes la copropriété du code source du logiciel. Le marché est attribué à IT&T (voir chapitre «Vautours, communes, mines d'or... et la refonte du logiciel», p. 116), alors nouveau sur le marché avec son logiciel pour communes basé sur Microsoft Dynamics NAV (Navision). Mais finalement, IT&T n'aura pas à livrer le code source. Abacus proteste auprès des communes contre la modification des conditions au cours de l'appel d'offres. Mais les Saint-Gallois n'engagent pas de procédure juridique contre ce qu'ils considèrent comme une attribution injuste et se limitent à la contester. «Nous avons attiré l'attention des autorités d'Appenzell Rhodes-Extérieures sur ce point. Mais cela ne les intéressait pas», déclare notamment Claudio Hintermann dans une interview du *St. Galler Tagblatt* en février 2014.

Abacus ne perd vraiment les nerfs qu'en janvier 2014, lorsque le Verwaltungsrechnungszentrums AG St. Gallen (VRSG) attribue aussi à IT&T le contrat pour un nouveau logiciel financier pour les communes affiliées (sans appel d'offres selon les règles de l'OMC). VRSG est alors en mains de la ville de Saint-Gall et de plus de 100 communes et villes, comme de quatre cantons. Le patron de VRSG de l'époque, Peter Baumberger, me répond qu'il s'agit d'une «société anonyme de droit privé» qui n'est pas tenue de lancer des appel d'offres. Quelques jours plus tard, dans l'interview susmentionnée, Claudio Hintermann se fâche: il qualifie la démarche de VRSG de «scandaleuse» et déclare que le canton de Saint-Gall élimine les concurrents de VRSG de manière «monopolistique». Un mois plus tard, Abacus dénonce VRSG à la Commission de la concurrence (Comco). Couvant depuis longtemps, le conflit devient ouvert. Et à nouveau, on me murmure dans le milieu: «Cette fois, ils sont allés trop loin.»

En juillet 2014, VRSG remporte ce qui semble être une victoire d'étape: la Comco décide que ses contrats ne doivent pas obligatoirement faire objet d'un appel d'offres. En revanche, ses mandants, c'est-à-dire les communes, n'ont pas à privilégier VRSG et doivent faire un appel d'offres dans les règles. Or, c'est précisément ce qu'ils ne font pas, dénonce Abacus. Au cours des 15 dernières années, Abacus n'a pu soumissionner que deux commandes de communes, déclare Claudio Hintermann le 12 juillet 2014 au *Thurgauer Zeitung.* Le champ de bataille juridique se déplace alors vers la loi sur la transparence.

Abacus demande à 19 municipalités de consulter leurs contrats avec VRSG. Les réponses sont toutes négatives. Abacus dépose des demandes officielles auprès de huit communes et annonce qu'elle va se battre dans toutes les instances

Comco: Commission suisse de la concurrence. Surveille l'application de la loi sur les cartels. Peut mener des enquêtes (perquisitions, auditions) et infliger des amendes.

pour avoir accès aux contrats. C'est surtout la manière de faire de la commune de Wittenbach, siège principal d'Abacus où elle paie ses impôts, qui met Abacus en colère. Le président de la commune de Wittenbach refuse non seulement l'accès aux contrats mais, lors de l'assemblée communale de mai 2014, s'oppose aussi activement à une proposition visant à vérifier s'il n'est pas possible de se procurer des logiciels communaux à moindre coût. Détail piquant: à l'époque, le président de la commune est également membre du conseil d'administration de VRSG.

Dès le printemps 2015, Abacus s'attaque à certaines communes et dénonce par exemple celle d'Aadorf à la Comco. Par la suite, la Comco dépose un recours contre Aadorf auprès du tribunal administratif de Thurgovie le 11 juin 2015.

Le ton monte: en juillet 2015, une majorité du parlement de Wil exige que la ville obtienne des offres indicatives de la part des concurrents de VRSG, alors que l'association des présidents de communes de Saint-Gall fait savoir que les communes n'ont pas à changer leurs pratiques. La presse locale suit l'affaire de près. La *Thurgauer Zeitung* cite par exemple Claudio Hintermann qui dénonce un conflit d'intérêts au sein des communes et fait remarquer que le président de l'association des présidents de communes est également vice-président du conseil d'administration de VRSG. De fait, les communes sont à la fois acheteuses de logiciels et, en tant qu'actionnaires de VRSG, vendeuses de solutions.

Peu après, Abacus dépose une plainte auprès du tribunal administratif de Saint-Gall contre Saint-Gall, Rapperswil-Jona, Wil et Wittenbach pour violation du droit des marchés publics. La *Schweiz am Sonntag* écrit: «On n'avait jamais vu ça. Une société privée de logiciels traîne plusieurs villes suisses devant les tribunaux.» La *Weltwoche* titre: «Copinage informatique à Saint-Gall». Le tribunal administratif émet immédiatement une décision provisoire interdisant aux trois villes ainsi qu'à Wittenbach de se procurer de nouveaux logiciels. Un revers de situation se dessine.

Deux semaines plus tard, le tribunal administratif annule la décision provisoire, mais ordonne aux villes et communes poursuivies de publier à l'avenir toutes les décisions d'attribution. Les deux parties se considèrent comme gagnantes, du moins vis-à-vis du public.

En septembre, Abacus porte plainte contre une autre petite commune de Saint-Gall qui a attribué un contrat de logiciel à VRSG sans appel d'offres, signalant par là clairement qu'elle ne lâchera pas prise. En effet: quelques semaines plus tard, une plainte est déposée contre 28 autres communes. Une fois de plus, le tribunal administratif stoppe les achats prévus. Abacus porte plainte contre 38 autres communes. Ainsi, pratiquement tout le canton de Saint-Gall est en conflit avec son entreprise de logiciels phares.

En octobre 2015, le tribunal administratif de Thurgovie condamne la commune d'Aadorf contre laquelle la Comco a engagé des poursuites. Certes, Aadorf ne doit pas retirer l'adjudication à VRSG, mais doit promettre de respecter à l'avenir la loi sur les marchés publics.

En novembre 2015, le tribunal administratif de Saint-Gall interdit aux 69 communes entretemps poursuivies de se procurer de nouveaux logiciels. En 2016, la guerre saint-galloise du software continue à couver dans les coulisses jusqu'en juin 2017 où elle prend un tournant stupéfiant. VRSG et la société Abraxas annoncent leur intention de fusionner. Abraxas appartient aujourd'hui majoritairement aux deux cantons de Zurich et de Saint-Gall. Le prestataire de services informatiques produit par exemple une solution fiscale (achetée à l'origine à l'entreprise zougoise RedIT) et un logiciel de solution routière. Je publie alors un article sur *Inside IT* sous le titre: «VRSG se sauve dans les bras d'Abraxas», car le prestataire de services aux communes s'est massivement endetté, sans doute en partie à cause du litige, et doit encore provisionner plus de 5 millions de francs pour un projet raté. La *Schweiz am Wochenende* titre: «Le canton de Zurich rachète un cas désespéré».

Alors que VRSG et Abraxas sont encore en train de bricoler leur fusion, Abacus dépose à nouveau une plainte. Cette fois-ci contre diverses communes qui ont commandé des logiciels pour la gestion des habitants – encore sans appel d'offres – auprès de VRSG. Dans le litige épique avec la commune de Wittenbach concernant la publication des contrats avec VRSG, Abacus perd – et porte le jugement devant le Tribunal fédéral. «Tant qu'à faire, autant le faire bien», semble-t-on se dire à l'Abacus Platz 1 de Wittenbach.

À la surprise générale, la guerre saint-galloise du software se termine le 2 juillet 2018 sur un accord, après quatre ans et demi de conflit. Les petites communes défenderesses s'engagent à acquérir à l'avenir des logiciels conformément à la loi et les quatre plus grandes communes promettent de lancer un nouvel appel d'offres pour leurs commandes de logiciels. Plus surprenant encore, Abraxas (et donc son ancien ennemi VRSG) annonce le même jour qu'elle souhaite aussi devenir distributeur d'Abacus. En 2019 encore, Abraxas parle de distribuer, en plus d'Abacus, sa propre solution appelée Abraxas FIS Finanz-Suite basée sur le logiciel d'IT&T. Selon le site web, cette solution n'est plus proposée aujourd'hui. VRSG/Abraxas opère ainsi son troisième revirement en une dizaine d'années, après la débâcle de la solution IBM (voir chapitre «Vautours, communes, mines d'or... et la refonte du logiciel», p. 113) et le passage à IT&T.

En août 2019, Roberto Cirillo, alors fraîchement nommé à la tête de La Poste suisse et ancien consultant de McKinsey, déclare que La Poste veut devenir «pionnière d'une Suisse numérique sans papier». Moins d'un an plus tard, il est précisé que La Poste veut «aider les PME dans leur transition vers le monde numérique». Le département des services de communication est créé à cet effet. Trois milliards de francs sont consacrés à la transformation du groupe logistique public en une «entreprise moderne», selon les médias. Le premier acte de La Poste consiste à racheter en mai 2020 au fabricant de logiciels catalan Scytl, en faillite, le code du logiciel de vote électronique qu'elle a déjà utilisé auparavant en Suisse. En septembre 2020, La Poste rachète à l'entreprise de logiciels lucernoise Axon la majorité de l'entreprise Klara Business pour 22 millions de francs (voir chapitre «Au secours! Les multinationales arrivent!», p. 85). Klara est une solution d'administration en ligne pour les particuliers et les petites entreprises, y compris des logiciels pour la comptabilité, le traitement des commandes, l'e-shop, le décompte des salaires, etc. Klara est appelée à devenir une sorte de Facebook pour les entreprises, déclare un responsable de La Poste à *Inside IT* en novembre 2020.

L'acquisition de Klara est suivie d'autres achats d'entreprises de logiciels: Tresorit, un service de stockage et de cryptage dans le cloud pour 47 millions de francs en juillet 2021, le service E-ID SwissSign en octobre 2021, la liste d'achats numérique Bring en septembre 2021, Dialog, un fabricant plutôt petit de logiciels pour les communes en novembre 2021, Eoscop, un fabricant de logiciels de logistique en octobre 2022, la société bâloise Unblu, qui développe des solutions de communication en ligne avec la clientèle, principalement pour les banques, ainsi qu'un prestataire de services informatiques valaisan pour les communes du nom de T2i en novembre 2022. Cette dernière acquisition est particulièrement piquante, car T2i propose notamment à ses clients communaux une solution pour le suivi du personnel (entre autres les salaires). Celle-ci se base justement sur l'ancienne solution RH de Soreco, qui n'est plus soutenue par son propriétaire actuel et qui a donc déjà mis VRSG et la ville de Saint-Gall dans l'embarras (voir chapitre « Vautours, communes, mines d'or... et la refonte du logiciel », p. 118). La Poste justifie ces acquisitions par sa volonté de créer un « écosystème pour les administrations » et d'offrir aux PME une « boîte à outils numériques ». La stratégie de La Poste s'avère coûteuse. En 2021, le département des services de communication encaisse une perte de 80 millions de francs, puis de 72 millions de francs en 2022.

La stratégie d'acquisition de La Poste suscite également des remous au Parlement. Ainsi, en automne 2021 et en hiver 2022, le Conseil national et le Conseil des États adoptent, contre la volonté du Conseil fédéral, une motion demandant à ce dernier de légiférer pour endiguer les distorsions de concurrence causées par les entreprises publiques. La motion trouve son origine dans les reprises de La Poste. Le fait qu'une entreprise d'État, capable de mobiliser des capitaux pratiquement illimités et presque gratuitement, veuille s'établir sur le marché des logiciels commerciaux pour PME en rachetant des entreprises finit aussi par faire réagir Abacus. Comme toujours à Saint-Gall, on se dit « tant qu'à faire, autant le faire bien » et on s'assure le soutien d'une société de lobbying (« conseil en communication stratégique ») et d'avocats très coûteux. En novembre 2021, Abacus dépose plainte contre La Poste auprès de l'organe de surveillance PostCom. Et annonce en même temps une plainte auprès de la Comco, déposée dans les faits en mars 2022. La Comco doit examiner si La Poste abuse de sa position domi-

Soreco : « Software Research Company », fondée en 1988 par IBM avec un revendeur d'imprimantes. Cédée en 1993 au directeur du développement d'IBM, puis à la direction. Rachetée en 2011 par la société Axon qui revendra le logiciel Soreco pièce par pièce. Aujourd'hui redevenue fabricant de logiciels indépendant employant quelque 25 personnes.

nante sur le marché. Fin mars 2023, la Comco met fin à l'enquête. Elle ne voit aucun signe de financement croisé illicite ou d'utilisation abusive des données de La Poste issues de son activité de monopole.

La PostCom s'étant déclarée incompétente en mars 2022, Abacus dépose un recours auprès du Tribunal administratif fédéral avec deux autres plaignantes qui se sont adressées à la PostCom dans une affaire similaire. La procédure auprès du Tribunal administratif fédéral est encore en suspens à ce jour. En réponse à l'interpellation de juin 2022, le Conseil fédéral indique qu'il n'exerce aucune influence sur la gestion opérationnelle de La Poste et attend les décisions du Tribunal administratif fédéral et de la Comco. L'issue du conflit avec La Poste reste donc ouverte.

Notes

14 Selon leur statut (Platinum, Gold, Silver, Classic), les partenaires Abacus bénéficient de certains rabais sur les prix ou les frais de logiciels, et de fonds pour le marketing. En contrepartie, ils s'engagent aussi à former leur personnel et à ne pas distribuer les logiciels de certains concurrents. De tels modèles sont très répandus dans l'industrie informatique.

Guido Frei, RH, chez Abacus depuis 1989.

La nouvelle Abacus

Où une entreprise entièrement restructurée n’est plus une entreprise saint-galloise. Et aussi, du rapport entre l’abolition de la comptabilité et l’achat d’une banque.

En mai 2016, Abacus lance un logiciel cloud gratuit qui permet aux petites entreprises d'écrire des factures et de les envoyer par voie électronique. AbaNinja, comme ce service se nomme encore aujourd'hui, se base à l'origine sur une solution de facturation open source appelée Invoice Ninja. AbaNinja est la réponse d'Abacus à toute une série de solutions d'administration web récemment apparues, comme Bexio (voir aussi chapitres «Cupidité et mégalomanie», et «Au secours! Les multinationales arrivent!»). On ne veut pas (à l'époque comme aujourd'hui) laisser le marché des petites entreprises et des start-ups à Bexio et aux autres services de comptabilité en ligne sans se battre. Moins de deux ans plus tard, AbaNinja devient un ensemble complet de solutions en ligne, gratuites dans leur version mono-user: Swiss21.org comprend AbaNinja, aujourd'hui une comptabilité en ligne assez complète, une application de saisie des heures, des prestations et des frais AbaClik, une comptabilité des salaires, une boutique en ligne et une solution CRM. Les logiciels de comptabilité deviennent gratuits, comme me l'explique le directeur de Swiss21 Walter Regli et Claudio Hintermann lors d'un déjeuner en hiver 2018. L'idée de l'époque, qui consiste à financer des logiciels gratuits pour les petites entreprises au moyen d'une publicité ciblée et de frais d'intermédiation de partenaires tels que les banques et les assurances, aurait probablement échoué entretemps. Même des concurrents comme Klara (voir aussi chapitre «Au secours! Les multinationales arrivent!», et «Cette fois, ils sont allés trop loin») abandonnent le modèle de la gratuité et Swiss21.org devient entretemps payante par abonnement mensuel au-delà d'une personne.

Aujourd'hui (mai 2023), tandis qu'environ 40 000 organisations et entreprises utilisent Swiss21.org, seules quelque 2000 paient pour ses services. Clairement, les coûts de Swiss21.org ne sont pas couverts. Mais cela importe peu puisque, en

AbaClik: App pour la saisie des heures, des absences et des prestations, la saisie et la transmission de justificatifs de frais par photo, la validation des factures etc., la gestion de ses propres données et la synchronisation avec les services administratifs.

contrepartie, l'important segment de clientèle des fiduciaires peut proposer l'outil à ses propres clientes et clients. Le but est d'attirer les start-ups et petites entreprises qui passeront plus tard aux versions plus grandes d'Abacus. Mais il semble que l'essentiel est d'attirer aussi vite que possible un grand nombre de users pour la technologie «Deep». Car là est l'avenir d'Abacus.

DeepCloud, A.L.A. ou l'abolition de la comptabilité

En novembre 2018, lors de la conférence des partenaires, Abacus présente DeepO, un produit développé en collaboration avec la société romande Arcanite, à l'époque une jeune entreprise issue de l'environnement de l'EPFL de Lausanne. Aujourd'hui encore, Arcanite est un partenaire important pour Abacus. DeepO est un service de reconnaissance automatique de documents. Ceux-ci sont photographiés avec un smartphone et saisis avec l'application Abacus AbaClik, transformés en texte et transmis à DeepO. Un premier pas vers l'automatisation de la comptabilité. Mais attention, penser que la reconnaissance automatique de documents est chose aisée serait une lourde erreur. Il n'existe en effet aucune norme ou logique pour la présentation des factures, des reçus, des contrats ou des documents tels que l'état des lieux d'un appartement. En collaboration avec Arcanite, Abacus fait ses premières expériences avec l'utilisation de l'intelligence artificielle (IA) et de l'apprentissage automatique pour la reconnaissance de documents. Mais Abacus progresse plutôt avec des méthodes heuristiques, selon les réponses à mes questions d'Alexander Vegh, responsable de la recherche et du développement. L'IA reste

Méthodes heuristiques: Élaboration de solutions par le biais d'expériences et d'essais.

un sujet d'actualité, notamment en relation avec les nouvelles méthodes utilisées par des services comme ChatGPT, dont on parlera beaucoup en 2023, poursuit-il.

En octobre 2019, les choses se concrétisent. Abacus annonce la version 3 d'AbaClik et montre comment un processus comptable, à savoir la saisie des frais, peut être entièrement automatisé. Mais que signifie «entièrement»? Pour qu'un processus soit vraiment automatisé, il faut aussi que des tiers, par exemple des banques, puissent être impliqués. Pour ce faire, la banque tessinoise Cornèr Bank est appelée à bord et les cartes de crédit Cornèrcard sont intégrées. Les débits de ces cartes seront repris en temps réel dans l'application et reliés au justificatif de frais correspondant, apprend-on auprès d'Abacus. Un pas de plus vers l'A.L.A. (autonomous live accounting) est franchi. Claudio Hintermann a dû inventer ce terme à l'automne 2019 car il le mentionne pour la première fois lors d'une conférence de presse le 2 décembre à Zurich, organisée par Abacus en collaboration avec Arcanite et la Cornèr Bank. Mais pour un processus réellement automatisé, le justificatif de frais saisi doit encore être correctement comptabilisé sans intervention humaine. C'est ce qui a été (et est) fait avec DeepO. Le logiciel complète un document lu par une machine avec le numéro de compte et d'autres données comptables, puis le transmet au bon endroit dans la solution comptable.

Un an plus tard, à l'automne 2020, Abacus fait un nouveau pas, beaucoup plus important, vers l'automatisation des processus commerciaux. Lors de la conférence des partenaires, Claudio Hintermann et son équipe présentent DeepBox. Il vaut la peine d'en dire quelques mots, car le concept de DeepBox marquera au moins le monde Abacus, si ce n'est le monde des logiciels commerciaux suisses en général, pour les années à venir. DeepBox est une sorte de stockage en nuage (cloud) qui pense[15], ou une fiduciaire automatisée. Les documents qu'une personne glisse dans sa DeepBox sont analysés, lus, transmis et traités à destination sans intervention humaine. S'il s'agit par exemple d'une facture, elle est soumise pour validation, payée et comptabilisée. Pour leur part, les prestataires de services financiers comme les fiduciaires peuvent créer une DeepBox pour communiquer directement avec leurs clientes ou clients.

Le jour même du lancement de DeepBox, Abacus annonce son intention de collaborer à l'avenir avec la néobanque Yapeal. Fondée en 2018 à Zurich, Yapeal a obtenu en mars 2020 une licence dite Fintech. Elle peut proposer à sa clientèle un compte bancaire avec un numéro IBAN suisse et des cartes de débit. Mais pour Abacus, il s'agit d'autre chose : Yapeal a développé une solution permettant de s'identifier valablement, uniquement à l'aide d'un smartphone, pour ouvrir un compte bancaire. C'est ce qu'Abacus recherche, tout comme la collaboration avec un autre fournisseur de cartes de débit. Quelques semaines après la conférence des partenaires, Abacus prend une participation dans Yapeal afin d'assurer son accès à la technologie souhaitée. En janvier 2021, la participation est même augmentée. Manifestement, créer une néobanque peut coûter cher.

Ce qui est décisif et nouveau pour Abacus, c'est que le fabricant met à disposition – contre rémunération bien sûr – ce que l'on appelle des API[16]. Il est ainsi possible de connecter son propre logiciel, par exemple une boutique en ligne, à la plaque tournante DeepBox. Le potentiel de rationalisation est énorme. Les users non payants de Swiss21 et d'AbaClik se rendent d'ailleurs utiles pour entraîner DeepO, car ils scannent assidûment les reçus et les factures et corrigent ce qui a été mal reconnu.

Aujourd'hui (en mai 2023), DeepBox est le noyau de toute une famille de services qu'Abacus propose sous la marque DeepCloud. Un des services, DeepSign, propose la signature électronique de documents jusqu'à des signatures qualifiées et juridiquement valables sur des documents tels que des contrats de location. Il y a d'autres services comme DeepV (visualisation des données commerciales), DeepPay (intégration des services financiers), DeepID (identification unique) ou encore DeepFlow (définition des processus commerciaux au sein de la DeepBox). Il est évident qu'Abacus voit un avenir à l'automatisation des processus commerciaux et donc à DeepCloud. La dernière génération du logiciel Abacus s'appelle logiquement Abacus Deep. Elle est inaugurée le 9 novembre 2021 dans les règles de l'art, avec des feux d'artifice en intérieur, dans l'auditorium du siège d'Abacus à Wittenbach.

Plus seulement via des partenaires

La nouvelle Abacus implique également que l'entreprise de logiciels abandonne le principe défendu pendant de nombreuses années, à savoir vendre exclusivement par le biais de partenaires (voir le chapitre «La bière du vendredi»). Tout commence avec la solution sectorielle AbaBau (voir chapitre «Vautours, communes, mines d'or... et la refonte du logiciel»), vendue de manière standardisée à des entreprises artisanales relativement petites. Pour les revendeurs Abacus classiques, dont l'activité principale est le conseil et l'adaptation de logiciels, cette activité n'est pas intéressante. Abacus vend aussi parfois directement la solution immobilière AbaImmo ainsi que la solution pour les fiduciaires. Il y a deux raisons à cela: certaines clientes du secteur immobilier sont de grandes entreprises qui veulent traiter directement avec le fabricant. Les fiduciaires, quant à elles, n'apprécient pas que ce soient justement leurs grands concurrents, comme les partenaires d'Abacus BDO ou OBT, qui les aident à introduire une nouvelle solution.

Bienne, Thalwil, Winterthour, Genève, Lugano, St. Fiden, Munich, Hambourg, Waiblingen …

Pendant longtemps, l'identité d'entreprise de la périphérie saint-galloise aura marqué Abacus. C'était une fierté d'avoir conquis le marché des logiciels de comptabilité depuis la Suisse orientale. Mais cela a changé: depuis quelques années, Abacus n'est plus une entreprise de Suisse orientale.

À Bienne, Abacus emploie aujourd'hui (en mai 2023) près de 100 personnes – et il y a encore de la place pour en accueillir d'autres dans les bureaux uniques aménagés par Silvano Stefani, y compris dans la cantine. Selon Laurent Gfeller, responsable de la filiale romande d'Abacus depuis 2007, on trouve assez facilement des personnes bilingues, voire trilingues à Bienne. C'est également là que se trouve le support pour Swiss21 et AbaNinja, et là que Laurent Gfeller travaille comme responsable de l'ensemble du marketing d'Abacus. «Le support multilingue pour Abacus et Swiss21 a été une chance pour nous à Bienne. Maintenant, on ne peut plus imaginer cette ville sans Abacus», m'explique Laurent Gfeller. La filiale Abacus Service SA est également installée à Bienne. Dirigée par Stephan Nuzzolo, elle distribue la solution sectorielle pour les entreprises artisanales du bâtiment ainsi que la solution immobilière directement à la clientèle finale. C'est ce que fait Abacus Business Solutions à Thalwil avec près de 70 personnes (état en mai 2023).

Depuis 2022, Abacus est aussi présent à Winterthour, où une petite équipe développe des logiciels. Et Abacus a également fondé une succursale à Genève en 2022, à partir de laquelle elle s'occupe de la clientèle du secteur immobilier. S'y ajoute encore le site de Lugano dès 2021.

Et bien sûr, Abacus n'est plus une entreprise purement suisse. Après son chemin de croix en Allemagne (voir le chapitre «Impasses, errements et détours»), Abacus réussit à s'y imposer sur un marché de niche. À Munich et Hambourg, quelque 50 personnes (situation en mai 2023) distribuent la solution d'ingénierie et d'architecture allprojects. S'y ajoute la société Abacus HR Services, située près de Stuttgart, qui emploie environ 25 personnes et provient de la reprise du prestataire de services salariaux Gelbling-Datensysteme en 2020. Sa solution Magellan doit être remplacée par Abacus Salaires d'ici fin 2023. On attend avec impatience de voir ce que la combinaison d'allprojects avec la nouvelle solution salariale conforme à l'Allemagne va déclencher.

Et soudain, cette croissance fulgurante

Ces dernières années, la croissance d'Abacus en Suisse se sera massivement accélérée grâce à des rachats ou à la création de nouvelles entreprises: en septembre 2021, Abacus prend une participation de 1,5 million de francs dans le spin-off lausannois de l'EPFL Tayo, élargissant ainsi d'un coup les possibilités d'AbaImmo. Tayo développe une plateforme de communication sans papier entre les gérants d'immeubles, les locataires, les prestataires de services, les concierges et les copropriétaires. En février 2023, Abacus rachète à son partenaire All Consulting la solution sectorielle Plato pour les cabinets d'avocats, les fiduciaires et autres prestataires de services similaires. Plato va combler une lacune dans l'assortiment d'Abacus, car il n'existe pas encore de solution spécifique pour la saisie de ces prestations de service. Le même mois, Abacus prend une participation dans l'entreprise romande eAdmin, qui a notamment développé le guichet en ligne du même nom pour les communes. L'intention est claire: eAdmin doit compléter les solutions communales d'Innosolv et d'Abacus, mais aussi accélérer les ventes de la solution de signature AbaSign.

Le coup suivant, encore plus osé, a lieu en avril 2023: Abacus annonce qu'elle rachète au groupe allemand Haufe la société de logiciels saint-galloise Umantis en juin 2023, pour un prix non communiqué. Il s'agit de la plus grande acquisition dans l'histoire d'Abacus à ce jour. Environ 90 membres du personnel passent chez Abacus. Si l'intégration des spécialistes d'Umantis et l'interaction des deux groupes de logiciels réussissent, la reprise propulsera Abacus sur un nouveau marché. En effet, les solutions d'Umantis sont aussi établies dans de grandes et très grandes entreprises, là où Abacus n'est pas présent ou seulement dans des niches. Umantis a développé avec succès une plateforme pour la gestion des candidatures et des talents, tandis que la solution RH d'Abacus est plutôt forte dans l'administration du personnel (y compris le portail en libre-service) et bien sûr dans la gestion des salaires. Cette reprise a donc une logique industrielle. En effet, les solutions d'Umantis et les logiciels d'Abacus ne se recoupent que très peu, mais s'accordent parfaitement.

Aux rachats s'ajoutent encore des créations d'entreprises. La société DeepCloud SA est fondée en janvier 2020 déjà. Elle est opérationnelle depuis début 2021 et emploie quelques personnes qui s'occupent du marketing. En été 2022, l'entreprise Hoop vient s'ajouter à la liste. Hoop permet de créer une entreprise et de modifier les inscriptions au registre du commerce de manière purement numérique. Bien entendu, des comptes chez Yapeal ainsi que DeepSign sont utilisés à cet effet. Le service est intéressant pour les fiduciaires qui souhaitent créer des entreprises pour leur clientèle et gérer les inscriptions au RC.

Umantis: Fondée en 2000 à Saint-Gall par quatre étudiants de l'EPF Zurich et de la HSG. Avec l'objectif de développer un logiciel basé sur le web pour la gestion des candidatures et des talents. Dès le début sur des modèles d'exploitation alternatifs comme l'essaimage et la gestion démocratique de l'entreprise. Reprise par le groupe Haufe en 2012. Depuis 2023, nouvelle filiale d'Abacus.

Abacus 2.0: une entreprise qui se réinvente

Fin 2018, Abacus emploie 425 personnes, y compris dans ses deux filiales indépendantes Abacus Business Solutions à Thalwil et Abacus Business Solutions en Allemagne, avec un chiffre d'affaires accru de 12 %. Son logiciel repose sur une base technologiquement solide et viable, et l'activité d'abonnement au logiciel (plutôt que de vente) est également en croissance constante. Il semble clair que la tendance se poursuivra. De plus, les fondateurs d'Abacus sont tous âgés d'une soixantaine d'années, un âge où l'on se préoccupe normalement de la succession. «C'est vers 2018 que les discussions sur une nouvelle structure au sein du conseil d'administration ont commencé», me confie Christian Huber.

Figure importante d'Abacus pendant de nombreuses années, sans y avoir été directement employé, Christian Huber reprend la société fiduciaire qui testait le logiciel Abacus depuis 1985. Plus tard, il devient l'administrateur fiduciaire d'Abacus et le conseiller externe et neutre qui apporte un regard extérieur à l'entreprise et que l'on fait toujours venir en cas de problème. En juillet 2021, il est élu au conseil d'administration d'Abacus et, en septembre 2021, il rejoint l'entreprise en tant que directeur financier. Depuis le 1er juin 2023, il est désormais co-CEO d'Abacus.

Depuis sa création en 1985, les quatre principaux actionnaires ont été proches des affaires courantes. «Ils devaient parcourir trois mètres pour se voir les uns les autres, afin de pouvoir prendre une décision. C'était un avantage incroyable», selon Christian Huber. La direction se met en place pas à pas. En 2002, Ursula Beutter et Martin Riedener les rejoignent, suivis de Roland Günther et Philipp Zwahlen.

En 2018, il devient évident qu'il faut séparer la direction du niveau stratégique qui doit développer une nouvelle structure pour l'entreprise en croissance rapide. Au vu des défis à relever, la double casquette de président du conseil d'administration et de CEO n'est plus tenable pour Claudio Hintermann. Abacus trouve la solution auprès d'un vieil ami de la maison: Rainer Kaczmarczyk. L'ancien top manager de HP a déjà pris en charge en 2009 le difficile travail de participer au développement des activités en Allemagne. Il a quitté Abacus en 2017, mais est rappelé en 2020 en tant que président du conseil d'administration: «Claudio m'a demandé si je pouvais l'aider à aborder certains sujets. J'ai accepté et je suis devenu par la suite président du conseil d'administration».

Les années suivantes sont marquées par de vives discussions entre les quatre propriétaires et au sein de la direction, ainsi que par des incertitudes au sein du personnel et des entreprises partenaires. Ces dernières se font toujours plus insistantes auprès d'Abacus pour qu'elle dévoile sa vision de l'avenir. À cela s'ajoute le fait que deux personnes de la génération des fondateurs souhaitent se retirer des affaires opérationnelles: Thomas Köberl et Eliano Ramelli. Le premier quitte la direction d'Abacus en 2018 et prend sa retraite fin 2019, tout en restant membre du conseil d'administration et en se rendant régulièrement à Wittenbach.

Le second prend sa retraite le 1er janvier 2020, mais, comme il me l'a confié, ne se retire des affaires opérationnelles que petit à petit. Il reste lui aussi au conseil d'administration où il s'occupe de certains projets, «comme un hobby». Aujourd'hui encore, il considère que son rôle est celui d'une «sentinelle».

Sous la direction de Rainer Kaczmarczyk, le conseil d'administration met en place une nouvelle structure, appelée en interne «Abacus 2.0». En avril 2021, une première version du plan est mise en œuvre. Désormais, Abacus est structurée en

Business Units (BU), qui ont plus de responsabilités que les anciennes unités commerciales organisées par produits. Le développement et le marketing des produits sont confiés aux six Business Units. Elles sont responsables du chiffre d'affaires et prennent toute décision concernant le personnel. Il existe en plus les domaines Research & Development, Sales, Finance & HR. L'objectif est de rapprocher à nouveau Abacus de sa clientèle et de ses partenaires – et de gagner en mobilité. Par exemple, la proposition de reprendre l'ancien produit concurrent Plato vient de la BU Projects & Services nouvellement créée, toujours selon Christian Huber.

Au début de l'été 2023, la direction d'Abacus est rajeunie. Avec Raffaele Grillo (nouveau COO et directeur des Business Units) et Alexander Vetter (nouveau CTO), deux collaborateurs de longue date d'Abacus sont nommés à la direction. Le directeur financier Christian Huber est nommé co-directeur général avec Claudio Hintermann. Ce dernier continue à faire ce qu'il fait depuis 1985 : en tant que directeur du département de recherche, lui et son équipe essaient de faire avancer les innovations afin de rester pertinents sur le marché. De son côté, Rainer Kaczmarczyk quitte le conseil d'administration après avoir accompli son travail de réorganisation. Son rôle de président de l'organe de surveillance et de stratégie est repris par Daniel Senn.

Ce qui est à la fois frappant et typique de cette entreprise, c'est que la nouvelle direction provient de ses propres rangs. Alors que les tentatives de recrutement de cadres supérieurs externes en tant que CFO ou responsable du marketing ont échoué, Abacus a pu donner de nouveaux rôles aux anciens membres de la direction Ursula Beutter, Roland Günther, Martin Riedener et Philipp Zwahlen. C'est important pour donner un signal de continuité au personnel comme aux partenaires.

Avec cette nouvelle organisation, Abacus devrait être bien équipée pour les années à venir. Mais une question reste encore sans réponse malgré mes recherches : qui sera propriétaire de l'Abacus employant quelque 850 personnes après l'intégration d'Umantis ? En 2013, 20 % du capital-actions ont été réservés aux collaboratrices et collaborateurs et, à ce jour, environ 70 d'entre eux ont pris une participation. Mais la grande majorité du groupe Abacus est toujours dans les mains de la génération des fondateurs. J'ai mené environ trois douzaines d'entretiens – personne n'a eu envie d'approfondir le sujet. La question de la propriété reste donc encore à déterminer. Mais j'ai de sérieux doutes quant à une éventuelle vente d'Abacus à une société d'investissement ou à un concurrent international. Une telle démarche risquerait très probablement de compromettre la singulière culture de cette entreprise de logiciels.

Notes

15 Que l'on me pardonne ce terme aventureux. Bien sûr, un stockage en nuage ne peut pas penser. Mais DeepBox peut faire certaines choses, par exemple identifier un reçu en tant que tel, l'attribuer à un certain type de frais et le compléter avec des données comptables, tâches que seul un être humain peut accomplir aujourd'hui.

16 API: Application Programming Interface (interface de programmation d'application). Un morceau de logiciel qui permet de relier deux programmes différents.

Thomas Stübner, Facility Management, chez Abacus depuis 2020.

Épilogue
Le secret d’Abacus

À la parution de ce livre, le groupe Abacus comptera plus de 850 collaboratrices et collaborateurs, et il est tout à fait envisageable que l'entreprise de logiciels suisse, autrefois petite, s'établisse sur de nouveaux marchés en Suisse et se fasse une place en Allemagne dans les années à venir. Quelle est la clé du succès de cette entreprise qui, pendant des décennies, a fait tant de choses différemment? Voici quelques pistes qui expliquent la réussite exceptionnelle d'Abacus:

« L'ARGENT, C'EST COMME L'ESSENCE. ON EN A BESOIN POUR CONDUIRE, MAIS CE N'EST PAS UN BUT EN SOI. » Les fondateurs et les principaux actionnaires d'Abacus n'ont jamais été cupides et ne le sont toujours pas. Ils ne se sont laissé tenter ni par des offres de rachat ni par des fantasmes boursiers et ont gardé leur indépendance. Une grande partie des revenus a été réinvestie: dans de beaux bâtiments et de bons repas, dans le personnel, dans le développement de logiciels, dans le marketing et, enfin, dans la recherche fondamentale.

CONFIANCE ET RESPECT: Les quatre fondateurs (en comptant Daniel Senn, qui les a rejoints un peu plus tard) se sont toujours respectés. On s'est beaucoup disputé, mais c'était toujours pour la cause et jamais pour l'ego, comme me l'ont répété tous mes interlocuteurs. Et on a fait confiance aux collaboratrices et collaborateurs. « Ils m'ont laissé faire », ai-je souvent entendu.

LE HASARD: Les quatre protagonistes de la génération des fondateurs ont des caractères différents qui, comme par hasard, se complètent bien. Claudio Hintermann, le visionnaire agité et sans limites, Thomas Köberl, le stratège calme et précis, Eliano Ramelli, le questionneur obstiné et prudent, et Daniel Senn, le manager et juriste ambitieux.

LE RÉSEAU: Le succès d'Abacus est aussi lié à son grand réseau. En font partie des amis ou même des collaboratrices et collaborateurs qui conseillent (« consigliere », comme les appelle Claudio Hintermann) tels que Jürg Schwarzenbach, Marcel Kupferschmied, Christian Huber (aujourd'hui co-CEO), ou aussi des artistes comme le génial architecte d'intérieur Silvio Stefani (voir chapitre « È un gruppo di pazzi ») qui donne un visage à Abacus. Il y a même un médecin qui a su apporter son soutien en temps de crise.

LES COLLABORATRICES ET COLLABORATEURS AU CENTRE: De nombreuses entreprises de logiciels que j'ai connues en tant que journaliste s'occupent bien de leur personnel. Mais chez Abacus, la générosité et le respect font partie de la philosophie de l'entreprise depuis sa création. «On n'a jamais été livrés à nous-mêmes», me confie un développeur de la première heure à propos des périodes de stress chez Abacus.

RECHERCHE ET DÉVELOPPEMENT: Abacus a toujours investi dans la recherche et le développement en interne et dans les ressources humaines appropriées. Il est arrivé que ses produits soient rapidement dépassés, mais en investissant avec constance dans l'innovation, on a montré au personnel, aux partenaires et au marché que l'on croyait en son avenir.

STRATÉGIE (DE CANAL) COHÉRENTE: Le solide réseau de partenaires d'Abacus a peut-être engendré quelques coûts supplémentaires à cause des marges sur les prix de vente et les revenus des abonnements. Mais il a aussi permis des succès commerciaux qu'Abacus n'aurait jamais pu obtenir seule. De plus, une stratégie marketing cohérente a été maintenue sans compromis sur plusieurs décennies.

PATIENCE ET TÉNACITÉ: «Parfois, cela prend plus longtemps», entend-on souvent dans l'environnement d'Abacus. Certains projets et idées ont demandé de la persévérance, comme l'expansion en Allemagne et en Suisse romande, ou les logiciels pour l'industrie. Abacus pense plutôt en décennies qu'en trimestres ou en années.

Annexes

Bibliographie

Sources

Archives privées de Thomas Köberl, Martin Riedener et Robert Weiss
Pages, magazine clients d'Abacus
Weiss, Robert: Das Poster der digitalen Evolution. Meilensteine der Computer-, Elektronik- und Telekommunikation-Geschichte. (*Le poster de l'évolution numérique. Les grandes étapes de l'histoire de l'informatique, de l'électronique et des télécommunications.*) Édition 2019 (www.computerposter.ch).

Médias

Bilan
Cash
Computerworld
Finanz und Wirtschaft
Handelszeitung
Inside-it.ch
IT Reseller
Netzticker
Netzwoche
Neue Zürcher Zeitung
PC Business!
Software Trend
Time Magazine

Tableau chronologique

Année	Abacus	Secteur IT & logiciels en Suisse	Technologie & IT dans le monde
jusqu'en 1980	–	Simultan est fondée en 1979 à Nebikon en tant que fabricant de sofware et distributeur de hardware	premiers PC d'Apple, Commodore et Texas Instruments / micro-ordinateurs de l'EPFL et de l'EPFZ
1981	–	le salon du traitement des données Swissdata est intégré au salon de l'électronique ineltec à Bâle	premier PC d'IBM (PC 5150), PC de Xerox avec GUI et souris / Microsoft lance DOS
1982	–	le salon du bureau Büfa à Genève présente pour la première fois des logiciels et des systèmes de données	PC grand public et bon marché : Commodore C64 / premiers PC portables / fin décembre, *Time Magazine* désigne l'ordinateur personnel « Man of the year »
1983	Claudio Hintermann, Thomas Köberl et Eliano Ramelli trouvent un ordinateur Apple pour écrire leur mémoire et le paient avec des logiciels	Simultan atteint un chiffre d'affaires d'un million de francs	IBM lance PC XT AT, Apple Lisa
1984	premier logiciel écrit pour un bureau de change à Stein am Rhein / développement d'Abacus Cofi avec commande par touches de fonction ; premier client / Claudio Hintermann convainc Thomas Köberl de participer à la future entreprise	réseau de téléphonie mobile « Natel B » / la société Also (commerce d'ordinateurs) est créée / SAP ouvre une filiale en Suisse	système d'exploitation MS-DOS 2.11 / IBM lance le PC AT, Apple Mac / création des entreprises Cisco et Dell / HP lance la première imprimante laser sur le marché, la LaserJet
1985	fondation d'Abacus Research SA en janvier / premiers clients tests / M-Informatic distribue les logiciels Abacus à partir de l'été / à partir de novembre, Daniel Senn et Roland Neuweiler développent un logiciel de gestion des salaires pour Abacus en tant que prestataires de services externes	première édition du journal *Computerworld* / fin 1985, selon *Computerworld*, il y a 200 000 ordinateurs en Suisse, dont 55 000 PC / le chiffre d'affaires des logiciels devrait se situer entre 900 millions et 1 milliard de francs en Suisse	lancement de Windows 1.0 / Commodore Amiga
1986	M-Informatic distribue désormais Abacus sous son propre nom / en octobre, contrat avec OBT pour la livraison de différents logiciels ; prix supérieur à 1 million de francs, est commercialisé sous le nom d'OBT Plus / les premiers clients installent une solution pour débiteurs et salaires ; les clients sont entre autres des sociétés fiduciaires comme Fides / la première collaboratrice est engagée / première pleine page de publicité en couleur dans *Computerworld* / Wirtetreuhand devient client / Swissair distribue Abacus pour les agences de voyage	le Conseil des États demande que l'informatique soit une matière obligatoire pour les apprentis / Dialog 2001 de Simultan recense plus de 4000 installations / l'action d'Also monte en flèche / première bulle boursière IT en Suisse / création de NSSoft Langenthal, qui deviendra plus tard Lynx, puis encore plus tard Miracle / le magazine *Software Trend* répertorie en novembre des programmes de comptabilité, 33 programmes au total ; trois dérivés existent encore aujourd'hui	Microsoft entre en bourse / premier virus pour PC IBM / lancement de MS-DOS 3.2 et Word 3.0 / aux États-Unis, on trouve des logiciels de comptabilité pour moins de 100 dollars / premiers PC avec processeur 386 / premiers ordinateurs portables (très encombrants)
1987	juillet : fondation d'Abacus Systems Lucerne / annonce pleine page en couleur dans *Software Trend* / M-Informatic présente les logiciels Abacus sous sa propre marque au salon Büfa / les ventes du logiciel OBT Plus augmentent massivement / les ventes d'Abacus quadruplent	Simultan ouvre un immeuble de bureaux à Altishofen chiffre d'affaires : 7 millions de francs, 60 collaboratrices et collaborateurs / les PTT propagent le vidéotex / l'association informatique met en garde contre le manque de personnel qualifié / l'action du distributeur de PC	Apple Mac II / IBM PS/2 / IBM lance le système d'exploitation OS/2 / Huawei fondé à Shenzhen

Année	Abacus	Secteur IT & logiciels en Suisse	Technologie & IT dans le monde
		Also s'effondre / «.ch» est enregistré dans le système de noms de domaine	
1988	*Software Trend* compare quatre logiciels de comptabilité sur PC : Abacus offre le plus de fonctionnalités, mais n'est pas encore complet / Abacus existe désormais aussi pour les systèmes VAX de DEC	les PTT construisent le réseau Natel C et lancent le réseau ISDN SwissNet 1 / il faut donc assainir; le groupe Schindler prend le relais / création de la société Runsoft, qui deviendra Winpeak, puis Complet-e / Walter Rentsch et IBM fondent la Software-Research-Company, qui deviendra Soreco / perte énorme pour M-Informatic; veut se concentrer sur les logiciels / les CFF veulent mettre l'horaire sur PC d'ici la fin de l'année	Windows 2.1 / DOS 4.0 / premier écran plat couleur de 14 pouces de Sharp
1989	Abacus met en place un département de support / Abacus est disponible pour IBM-AIX et SCO Xenix / premier cours Abacus officiellement publié	Also annonce une perte importante / nouvelle loi sur les télécommunications	le World Wide Web est présenté au CERN à Genève / de plus en plus souvent, les entreprises ont des réseaux locaux / premier logiciel malveillant à crypter des données
1990	environ 4000 programmes sont installés chez les clientes et clients / fondation d'Abacus Software Design SA / 4 personnes qui développent surtout Abea / introduction de la comptabilité par centre de coûts et par nature comptable	Natel C compte 450 000 raccordements en Suisse	Microsoft Windows 3.0 / Microsoft Office1.0 / publication de la norme de téléphonie mobile GSM 1 / premiers réseaux sans fil (WLAN) / IBM PS/1
1991	nouvelles versions Cofi et salaires sur la base de Dataflex 3.0 / NCR distribue la «solution de commerce de gros» d'Abacus pour le système NCR 3000 (entrepôt, achats, Cofi, salaires, statistiques). / OBT annonce la vente de 1000 progiciels OBT Plus (Abacus) / Abacus abandonne la distribution de Dataflex	plus de 30 banques proposent le «télébanking» via le système de télétexte des PTT (environ 35 000 users).	Mac Powerbook / première tablette de NCR (pas de succès) / MS DOS 5.0 / AT&T rachète NCR / premières imprimantes à jet d'encre couleur / Linus Torvalds développe Linux
1992	le «Système d'information du personnel» d'Abacus est livrable / le partenaire Wdata annonce une solution permettant d'envoyer des fax directement à partir d'Abacus / Abea 4.0 est annoncé	Softinc présente FibuNT, un logiciel de comptabilité pour Windows 3.1	Windows 3.1 / guerre des prix des PC / premiers ordinateurs portables «Thinkpad» d'IBM / premiers téléphones portables pour la norme GSM
1993	Abacus annonce la vente de son 10 000e programme. / Cofi-Light est disponible / de nouvelles versions pour DOS doivent résoudre les problèmes de performance / Abacus achète à Dataflex le code source de l'environnement de développement	réseau de téléphonie mobile à la norme GSM en Suisse / IBM et Walter Rentsch vendent Soreco / NCR Suisse lance le développement du nouveau logiciel PC Karat / FibuNT est élu «Logiciel de l'année» au salon WinWorld	Windows NT / premier navigateur web (Mosaic) / Intel lance les processeurs Pentium / première version d'Adobe PDF / premiers processeurs Pentium d'Intel
1994	Abacus présente la première version Windows du logiciel et annonce l'ensemble des fonctionnalités pour l'été 1994 / interface dans les systèmes de l'Union de Banques Suisses / 12 000 modules logiciels installés chez 6000 clientes et clients /	le passage de l'impôt sur le chiffre d'affaires à la TVA au 1.1.1995 déclenche un boom chez les fabricants de logiciels de comptabilité	Jeff Bezos fonde la librairie en ligne Amazon / le CD-ROM – un «média d'avenir» (NZZ)

Année	Abacus	Secteur IT & logiciels en Suisse	Technologie & IT dans le monde
	Abacus Research emploie désormais 40 personnes, Abacus Software Design 9, et Abacus Systems 8 / NCR rompt à nouveau sa collaboration / passage du logiciel à la nouvelle TVA / les logiciels Abacus livrés pour la première fois sur CD-ROM / succursale à Neuchâtel		
1995	10 ans d'Abacus; après le stress de la TVA, toute l'entreprise part en vacances en Finlande pendant une semaine / selon le journal *Handelszeitung* (en octobre), environ 20 000 programmes installés chez 10 000 clientes et clients / Abacus est classé 132e dans le «Top 300» du magazine *Computerworld*: chiffre d'affaires 10,6 millions de francs, 58 personnes / OBT annonce 2000 paquets OBT Plus vendus	le partenaire Abacus de la première heure, M-Informatic, ferme à la fin de l'année, faute de succès	Microsoft lance Windows 95 et Office95 / AT&T est à nouveau remonté, NCR est revendu plus tard / le fabricant d'ordinateurs Sun lance le langage de programmation Java / Steve Jobs quitte Apple
1996	la comptabilité des salaires Abacus est désignée «Designed for Windows 95» / Abacus annonce un logiciel «compatible avec Internet»; il s'agit pour l'instant de simples hyperliens vers le support / le nouvel ouvrage «Plan comptable suisse PME» est accompagné d'une version démo du logiciel Abacus	le journal *Cash* met en garde pour la première fois contre le bug de l'an 2000 (Y2K) / NCR se retire du secteur des logiciels et enterre le projet Karat / Erwin Buchegger et Thomas Peterer fondent Innosolv / Peter Ohnemus fonde Fantastic / l'Union suisse des arts et métiers (USAM) lance un nouveau plan comptable; création du «IG Standard Software» contre l'USAM et Abacus	Microsoft NT 4.0 / premier smartphone: Nokia Communicator 9000 / premier DVD et premier lecteur DVD
1997	les fondateurs d'Abacus achètent un terrain à Wittenbach / la succursale de Neuchâtel est à nouveau dissoute / Abacus gagne avec Zschokke sa première grande entreprise pour la Cofi et plus encore / le chiffre d'affaires augmente de 33 % en 1997 / solution pour les communes en collaboration avec KMS (impôts) et Innosolv (applications spécialisées) / décembre: campagne publicitaire commune avec Microsoft et Compaq / Abacus cite 13 000 clientes et clients dans une interview avec la *Handelszeitung;* part de marché selon leur propre estimation: 25 % / les fondateurs arrêtent de programmer eux-mêmes	Simultan réalise un chiffre d'affaires de 20 millions de francs avec quelque 100 collaboratrices et collaborateurs / nouvelle loi sur les télécoms: à la fin de l'année, les PTT seront scindés en deux entités: La Poste et Swisscom / le marché des logiciels pour les communes, mais aussi le marché ERP en général, est en plein essor en raison du bug Y2K / Sage achète le fabricant allemand KHK pour 110 millions de marks / divers fabricants de logiciels fondent l'association SwissSoft / Roland Brack lance le commerce en ligne avec brack.ch	«DeepBlue» d'IBM bat le champion du monde d'échecs Garri Kasparov / Microsoft est l'entreprise la plus rentable au monde / premières normes pour la téléphonie par Internet
1998	étude de marché de Demoscope sur le marché ERP suisse: Abacus est clairement le leader du marché pour les entreprises de 10 à 500 personnes; suivie par: solutions sectorielles, SAP, Simultan, Softinc, Lynx (Miracle) / Abacus emploie 85 personnes en octobre / Lab en Floride / Abacus annonce AbaProject	Lynx annonce une avancée sur le marché mondial avec Miracle V / le Conseil fédéral nomme un «délégué à l'an 2000» / NCR se retire du marché des logiciels pour les communes / le magazine spécialisé *IT Reseller* paraît pour la première fois	nouvelle économie / Steve Jobs de retour chez Apple, l'iMac est un grand succès / lancement du service de recherche Google / disque dur de 25 Go d'IBM / lancement de Paypal, Netflix et Vmware

Année	Abacus	Secteur IT & logiciels en Suisse	Technologie & IT dans le monde
1999	AbaProject disponible / interfaces pour l'Electronic Banking pour diverses banques / annonce d'une solution de boutique en ligne hébergée sur Abacity pour les PME / 23.4.1999 premier coup de pioche pour le nouveau bâtiment à Wittenbach	l'euro devient une monnaie scripturale / Miracle (qui emploie désormais 200 personnes) annonce son introduction en bourse sur le SWX New Market / Sage rachète Sesam pour 11,1 millions de livres (28 millions de francs) / faux départ de Complet-e sur le SWX New Market / Miracle est introduite en bourse le 25.11.1999	création d'Alibaba (commerce en ligne) en Chine / création de Salesforce
2000	la base de données Pervasive SQL doit être disponible pour Abacus, puis Abacus Server également pour Sun et Linux / février: première conférence de presse d'Abacus (AbaShop et AbaCity) / Abacus lance un paquet complet pour les petites entreprises AbaLight / Abacus présente en septembre une solution pour le bâtiment en collaboration avec la société de développement Sorba / Abacus refuse Microsoft Dot-Net (*Computerworld* octobre 2000) / AbaShop développé en Java / «Affaires peu réjouissantes au cours des neuf premiers mois» (Thomas Köberl dans *IT Reseller)*	le changement d'année de 1999/2000 se déroule presque sans problème en Suisse et dans le monde / mars: Think Tools entre en bourse, le cours de l'action passe de 270 à 1040 francs le premier jour / 1400 exposants et 79 000 visiteurs au salon informatique bâlois Orbit / Miracle annonce en octobre le recours à l'office des faillites et le licenciement de tout son personnel, les tentatives de sauvetage ultérieures échouent / Complet-e est racheté par Pragmatica en novembre / le cours de l'action de Think Tools s'effondre à partir d'octobre	krach des dotcoms aux États-Unis / les licences UMTS de téléphonie mobile sont mises aux enchères beaucoup trop chères en Allemagne, et donc moins chères plus tard en Suisse / Microsoft lance Windows 2000 / le salon informatique Cebit atteint un record / Steve Ballmer devient PDG de Microsoft
2001	Abacus lance le webshop gratuit AbaShop Easy au salon Internet iEX; grand écho médiatique / le canton de Thurgovie mise sur Abacus / programmation à l'avenir en Java; XML comme standard pour les documents électroniques	*Netzticker* (e-mail) et *Netzwoche* paraissent pour la première fois / Sage licencie le directeur de Sesam, Rolf Herlig, en décembre / le groupe Bison naît de la fusion d'Agro Data et du groupe BF; Fenaco détient la majorité / trois jeunes hommes fondent Digitec	HP annonce le rachat de Compaq / Dell devient le plus grand fabricant de PC / Microsoft lance Windows XP / Microsoft acquiert Great Plains et se lance ainsi dans le ERP / le marché IT s'affaiblit dans le monde entier
2002	Abacus annonce la vente de la 50 000e licence de logiciel / inauguration du nouveau bâtiment AbaHome à Wittenbach / Abacus annonce un chiffre d'affaires record, de 25 à 30 millions de francs selon *Bilan* / Abacus annonce WebEdition; les évaluations et, plus tard, la saisie des données sont possibles via un navigateur Web	SAP veut entrer sur le marché des PME avec un nouveau logiciel; les commerçants sont enthousiastes – même OBT veut devenir partenaire de SAP / Microsoft rachète Navision / plus que 950 exposants et 41 000 visiteurs au salon informatique Orbit/Comdex à Bâle, le salon Internet IEX à Zurich a également diminué	premiers smartphones (Palm de Handspring) / euros également en espèces
2003	la Suisse équipe toutes ses ambassades du logiciel Abacus / Abacus annonce le développement de son propre GPAO (logiciel pour la production) / nouveau record de chiffre d'affaires	plus de 80 % des banques, assurances et entreprises de télécommunications suisses réduisent leur budget informatique / les salons IT en voie de disparition: plus que 21 000 visiteurs à l'Orbit/Comdex / KPMG scinde l'activité Abacus; naissance d'Inspirion / Pragmatica se sépare de Winoffice (anciennement Complet-e) / Sage Sesam reprend Winware Suisse	création de la société Skype / l'article «IT doesn't Matter» dans *Harvard Business Review* déclenche un débat mondial / l'éditeur américain d'ERP Peoplesoft rachète J. D. Edwards et devient numéro 2 après SAP; Oracle fait une offre de rachat inamicale / le secteur IT américain a surmonté la baisse

Année	Abacus	Secteur IT & logiciels en Suisse	Technologie & IT dans le monde
2004	Abacus version 2004: EBPP (facturation électronique) est intégré; authentification et cryptage stricts avec «e-Token» / Abacus numéro 1 sur le marché des PME devant SAP, Sage Sesam, Simultan, Sorba, MS Navision et MS Axapta / le premier prix des entrepreneurs de Suisse orientale est décerné à Abacus / Abacus prend une participation dans SwissSign	Think Tools est racheté par RedIT qui se retire également de la bourse par la suite / les salons IT et Internet Orbit/Comdex et IEX fusionnent / Swisscom lance la connexion sans interruption UMTS, GSM et WLAN / lancement du premier magazine informatique exclusivement en ligne: *Inside-it.ch* / le Conseil fédéral veut faire entrer en vigueur la nouvelle loi sur les signatures numériques (SCSE) au printemps 2005 / création de l'association faîtière IT ICT-Switzerland / Google ouvre un centre de recherche à Zurich / le marché des PC à nouveau en plein essor	Elon Musk fonde Tesla Motors / première souris sans fil de Logitech / après une bataille d'acquisition de 18 mois, Oracle rachète son concurrent Peoplesoft / Google entre en bourse
2005	nouvelle génération de logiciels «digital erp»: archivage juridiquement valable et entièrement numérique des données commerciales sur DVD / diverses interfaces user reprogrammées avec Java / nouveau module de gestion des services et des contrats / Abacus annonce la solution sectorielle AbaBat / nouveau record de vente: plus de 3000 licences de logiciels vendues	Sage rachète Simultan pour 25 millions de francs / le nouveau certificat de salaire déclenche un boom / la SUVA et d'autres introduisent la PUCS (procédure électronique de communication des salaires, ELM en allemand) / La Poste reprend SwissSign / le groupe Bechtle rachète Delec, partenaire d'Abacus	Oracle rachète également l'éditeur de logiciels Siebel / la téléphonie sur Internet (Voice-over-IP) s'installe / Lenovo rachète la division PC d'IBM / lancement de Google Maps / pour la première fois, un ransomware (chantage au cryptage des données) fait son apparition
2006	Abacus fonctionnera désormais aussi avec Linux, Solaris (Sun-Unix), Apple OSX et avec la base de données Microsoft et Oracle / Abacus proclame la fin de l'ère du PC / futures interfaces user dans le navigateur web avec cryptage (ULC - UltralightClient) / poursuite de la croissance du chiffre d'affaires / BDO annonce Abacus comme logiciel en ligne, d'autres partenaires suivront	Orbit-IEX arrive à Zurich / Microsoft ouvre un site de développement à Zurich / après un ralentissement de l'emploi à partir de 2001, on parle à nouveau de pénurie de personnel qualifié / des ex-employés de Sesam créent une nouvelle société de logiciels / Swisscom lance la TV sur Internet / RedIT rachète MGA et devient le plus grand distributeur de Microsoft Navision / Microsoft rebaptise ses différentes solutions de logiciels de gestion en «Dynamics»	Amazon lance Amazon Web Services; le premier service s'appelle «Elastic Compute Cloud»; aujourd'hui encore, le plus grand fournisseur de cloud au monde / Google rachète la société suisse Endoxon
2007	début d'un énorme projet: tous les logiciels sont réécrits / Abacus reprend Arco-Software / AbaWebFiduciaire est annoncé la première solution «as a service» d'Abacus peut être proposée par des partenaires / pour une fois, le chiffre d'affaires d'Abacus n'augmente que légèrement	le terme «cloud computing» apparait pour la première fois dans un journal suisse *(Finanz und Wirtschaft)* / Sage rachète ProConcept pour 18 millions de francs; certaines personnes de haut niveau de ProConcept passent alors chez Abacus / ICT-Switzerland tire la sonnette d'alarme sur la pénurie de main-d'œuvre qualifiée / les directeurs des finances des cantons veulent introduire la norme comptable MCH2 dans toute la Suisse; le projet durera des années et déclenchera une poussée des ventes chez les éditeurs de logiciels spécialisés	Microsoft lance Windows Vista (pas de succès) / Oracle, SAP et IBM acquièrent des entreprises qui produisent des logiciels d'exploitation de données / création de Dropbox / Apple lance l'iPhone; le triomphe des smartphones commence / définition de la norme de téléphonie mobile 4G

Année	Abacus	Secteur IT & logiciels en Suisse	Technologie & IT dans le monde
2008	Abacus annonce le développement d'AbaImmo / augmentation des prix : justifiée par un nouveau développement complet sur Java ainsi que ULC / nouvelle version d'AbaScan – un pas de plus vers le bureau sans papier / AbaBat a maintenant le module Werkhof / diverses parties du logiciel de comptabilité désormais compatibles avec le web / nouveau record de chiffre d'affaires ; 180 collaboratrices et collaborateurs à la fin de l'année	Bechtle-Delec se retire de l'activité Abacus ; le personnel va chez Inspirion / Abraxas (cantons de ZH et SG) et Bedag (BE et VD) doivent fusionner ; le projet n'aboutit pas / diverses acquisitions de spécialistes Microsoft-Dynamics-Navision / ICT-Switzerland déclare Informatica 08 (année de l'informatique) / le marché suisse du matériel IT se contracte / Bison (Fenaco) veut commercialiser à l'international, en collaboration avec le fabricant allemand SoftM, une nouvelle solution appelée Greenax	les clients SAP protestent contre l'augmentation prévue des prix du support (également en Suisse) / le smartphone d'Apple est un énorme succès / Google lance le système d'exploitation Android pour les smartphones / pénurie mondiale de personnel qualifié en informatique / le terme « cloud computing » apparait désormais dans les médias suisses / Apple révolutionne la distribution de logiciels avec l'App Store / la crise immobilière américaine se transforme en crise économique mondiale
2009	Abacus pour la première fois en production avec la base de données SQL Server de Microsoft / Katadyn (appareils pour la purification de l'eau) remplace SAP par Abacus PPS / création de la filiale à Munich ; direction par Rainer Kaczmarczyk / Abacus gagne le Swiss ICT-Award / la troisième génération de logiciels s'appelle « Abacus vi » (version Internet) / un partenariat stratégique avec le fournisseur de logiciels allemand PDS doit permettre une percée en Allemagne / acquisition du groupe Walo comme client / malgré la crise financière, nouveau record de chiffre d'affaires	ultime édition du salon informatique Orbit-IEX / le secteur IT souffre de la crise financière mondiale / la fusion de trois associations suisses IT échoue / la Confédération lance le projet SuisseID / Soreco délocalise une partie de son développement chez Axon au Vietnam	HP rachète EDS et 3Com, Dell acquiert Perot Systems / lancement du bitcoin / le cloud computing est le thème dominant dans le monde IT / Microsoft lance Windows 7 et la plateforme de cloud Azure / Google se lance également sur le marché du cloud
2010	25 ans d'Abacus : un anniversaire en fanfare / Abacus annonce 35 000 clientes et clients qui utilisent environ 76 000 programmes ; 201 personnes / en Allemagne, allprojects est annoncé pour les prestataires de services / AbaWebFiduciaire compte 8000 users au début de l'année / SuisseID pour le login / première application Abacus AbaCockpit pour iPads pour la représentation d'infographies / allprojects est élu « Système ERP de l'année » dans le domaine des PME de l'université de Potsdam	Scandale Comparex-Bison : presque tous les employés de Comparex démissionnent et passent chez Bison ; les managers responsables seront condamnés pour gestion déloyale / SuisseID disponible à partir du 1er mai (un flop) / RedIT se retire de la bourse / la Confédération met en place Melani (Centrale d'enregistrement et d'analyse pour la sûreté de l'information)	Apple lance l'iPad / Oracle rachète Sun Microsystems et devient (également) fabricant de hardware / le cloud computing reste un thème dominant / premiers drones pour les particuliers / SAP présente pour la première fois sa nouvelle base de données ultrarapide Hana / plus de 40 milliards de dollars de chiffre d'affaires mondial seraient générés par le cloud computing / le bitcoin permet davantage d'attaques par des logiciels de chantage
2011	Abacus place le thème du cloud au centre de la User Conference / Swisscom propose Abacus depuis son cloud / premiers clients pilotes pour AbaImmo / la FHNW étudie le marché des logiciels pour PME – Abacus est en tête devant Sage pour les logiciels de comptabilité financière et de gestion des salaires / le chiffre d'affaires augmente de 10 %, le nombre d'abonnements en ligne double jusqu'à près de 3000	62 % des fournisseurs suisses de logiciels standard proposent des solutions dans le cloud / VRSG développe un nouveau logiciel pour les communes ; échec de l'introduction du logiciel IBM / le groupe Bison (Fenaco) prend la majorité des parts du concurrent d'Abacus, Europa3000 / la lucernoise Axon reprend Soreco	Microsoft lance Dynamics CRM en tant que Saas (software as a service) / Adobe Creative Cloud ; le principal logiciel graphique sous forme d'abonnement / Steve Jobs, cofondateur d'Apple, décède / IBM Watson relance le thème de l'« intelligence artificielle » / IBM fête ses 100 ans / Microsoft lance le logiciel en ligne Office365

Année	Abacus	Secteur IT & logiciels en Suisse	Technologie & IT dans le monde
2012	nouveau produit: AbaReport / Allemagne: allprojects désormais disponible pour les entreprises d'architecture et d'ingénierie / AbaSmart: saisie mobile des données pour les techniciens de service, analyse des données pour les managers et plus encore sur iPad / Abacus annonce un moteur de processus moderne (contrôle des procédures) / le groupe Walo est la première grande entreprise à achever un projet Abacus / ouverture d'une succursale à Bienne comme centre de compétence pour la Suisse romande / croissance du chiffre d'affaires de 4 %, forte croissance des abonnements en ligne	Bison rachète Marketstream, un éditeur de logiciels du nord de l'Allemagne / Sunrise fait appel au chinois Huawei pour son réseau mobile / Solvaxis (ProConcept) annonce le logiciel en ligne Amanda pour les PME / trois développeurs mettent au point Threema, une application de chat cryptée de bout en bout	Microsoft lance Windows 8
2013	le projet de réécriture de l'ensemble des logiciels Abacus, lancé en 2007, est achevé en début d'année / Abacus fait participer son personnel / Abacus fête la 5000e utilisatrice d'AbaWebFiduciaire / avec AbaSmart, il est maintenant possible d'effectuer d'autres étapes de travail sur l'iPad	le canton de Zoug stoppe la mise en place des logiciels IBM / Sage Sesam est aussi disponible en version en ligne / l'introduction ratée de SAP a coûté à l'entreprise industrielle Huber + Suhner 20 millions de francs et des pertes de chiffre d'affaires / le Surveillant des prix et SAP trouvent un accord dans le litige sur les frais de maintenance / VRSG veut développer une nouvelle solution RH sur la base du logiciel Soreco	SAP lance sa propre offre cloud pour la nouvelle base de données Hana / Microsoft Dynamics NAV devrait également être proposé à partir du cloud / Edward Snowden révèle comment les services secrets américains NSA surveillent les communications électroniques dans le monde entier / Microsoft rachète la division téléphones mobiles de Nokia / les premières banques exclusivement en ligne, comme Revolut, voient le jour
2014	début de la guerre saint-galloise du software: VRSG attribue un gros contrat de logiciel financier à IT&T sans appel d'offres (solution basée sur Microsoft); Abacus dénonce VRSG à la Comco; la Comco donne raison à VRSG, mais les communes doivent lancer des appels d'offres conformes à la loi / chiffre d'affaires +7 %; 260 personnes	affaire du Seco: scandale de corruption autour de l'acquisition de logiciels par l'Office fédéral de l'économie / crise chez Bison: le patron doit partir, Fenaco se restructure / Sage 200 (Simultan) totalement rénové / Solvaxis (ProConcept) est vendu à un éditeur de logiciels suédois qui appartient à une société d'investissement américaine supression de postes annoncée, développement partiellement transféré à Bangalore / des investisseurs entrent au capital de la petite entreprise de comptabilité en ligne easySYS / Sage Suisse (Simultan) présente une application smartphone pour la saisie des absences / Zoug appelée à devenir une «Crypto Valley»; des entreprises de la blockchain s'y installent	les logiciels de gestion, une planche à billets: le groupe Sage réalise une rentabilité sur chiffre d'affaires de 27,5 % / Satya Nadella succède à Steve Ballmer chez Microsoft / Apple annonce l'Apple Watch / Apple annonce Apple Pay – une application de paiement; un peu plus tard, Postfinance annonce Twint / Facebook rachète Whatsapp / plus de 80 milliards de dollars de chiffre d'affaires mondial générés par le cloud computing
2015	Abacus ouvre une succursale à Hambourg / application pour smartphone AbaClik présentée lors de la conférence de presse (saisie des frais, du temps et des prestations); gratuite pour les users privés, 5 francs par mois et par user pour les entreprises / guerre saint-galloise du soft-	le canton de Zoug passe commande d'un nouveau logiciel pour les commues à OBT et NEST / Axon vend la solution RH de Soreco à la société allemande P&I / Axon vend la solution financière de Soreco à la direction / le petit fournisseur Run my Accounts propose une	HP est divisé / le fabricant de PC Dell veut acheter le spécialiste du stockage EMC pour 67 milliards de dollars / rumeur: Apple travaillerait sur une voiture / Windows 10 / licenciement collectif chez Nokia; les projets de smartphone de Microsoft ont échoué

Année	Abacus	Secteur IT & logiciels en Suisse	Technologie & IT dans le monde
	ware: la Comco s'attaque à la commune de Thurgovie; Abacus poursuit les communes en justice; le tribunal stoppe les projets d'acquisition des communes / AbaPay: solution de facturation cloud pour petites entreprises / début de la planification du nouveau bâtiment à Wittenbach / chiffre d'affaires en hausse de 5,2 %; 286 collaboratrices et collaborateurs	comptabilité en ligne gratuite pour 1 user / la comptabilité en ligne easySYS augmente son capital et est rebaptisée Bexio	
2016	création d'Abacus Business Solutions Thalwil, développement d'une solution propre pour le second œuvre; pour la première fois, vente directe / AbaClik 2.0, des fonctions supplémentaires pour le personnel / la guerre saint-galloise du software: les communes doivent publier les coûts d'acquisition; elles saisissent le tribunal administratif / Abacus veut utiliser le standard allemand ZUGFeRD pour les factures PDF; d'autres éditeurs de logiciels suivront / premier matériel (support + iPad + app AbaClock pour la saisie des temps) / chiffre d'affaires en hausse de plus de 10 %; 304 personnes à la fin de l'année	demande déclenchée par les nouvelles règles pour la documentation des heures de travail et la nouvelle norme pour les paiements / Solvaxis arrête le logiciel en ligne Amanda / Sage a désormais une offre cloud pour les fiduciaires / Axon annonce le logiciel de gestion gratuit Klara pour les PME / Sage Suisse annonce sa plus forte croissance depuis dix ans / AWS (Amazon Cloud) ouvre une filiale en Suisse	l'IA de Google AlphaGo bat le champion du monde du difficile jeu de société Go / Microsoft annonce Dynamics 365 (Axapta + CRM comme logiciel de commerce cloud)
2017	le spécialiste RH Lehmann + Partner passe de Soreco à Abacus / Abacus lance AbaNinja, solution de facturation en ligne en réponse à Klara, Bexio et Run my Accounts / la guerre saint-galloise du software: finalement, les communes ne doivent pas publier les coûts d'acquisition; Abacus saisit le Tribunal fédéral / Abacus présente la prochaine génération de logiciels: Abacus 4G, nouveau avec portail RH; solutions de portail au centre; nouveau design de tous les masques de users / le chiffre d'affaires augmente de plus de 10 %; 334 personnes chez Abacus Research, 390 dans le groupe Abacus	la Confédération décide de migrer ses systèmes SAP vers la dernière génération SAP S/4HANA; le projet est toujours en cours / le logiciel gratuit Klara a aussi sa Cofi / à la surprise générale, les deux entreprises publiques VRSG et Abraxas annoncent leur intention de fusionner; médias: «un cas désespéré» / les entreprises ICT ont réalisé un chiffre d'affaires de 31,4 milliards de francs, selon l'association professionnelle Swico	Navision s'appellera désormais Microsoft Dynamics 365 Business Central / Microsoft lance la solution de collaboration Teams / le logiciel de chantage WannaCry se répand dans le monde entier
2018	Swiss21.org annonce: package gratuit en ligne pour l'administration incluant AbaNinja / fin de la guerre saint-galloise du software: les 4 plus grandes communes lancent maintenant des appels d'offres; et Abraxas/ VRSG devient partenaire d'Abacus / Abacus présente pour la première fois DeepO: traitement automatique des documents à l'aide de l'IA; et aussi DeepV, analyse et présentation en ligne de données comptables / Aba-	Klara censé devenir «l'assistant numérique» des PME grâce à l'IA / La Mobilière rachète Bexio pour 115 millions de francs; / la ville de Saint-Gall lance un appel d'offres pour l'acquisition d'une nouvelle solution financière / attaque de ransomware contre la ville d'Uster / création de la néobanque Yapeal à Zurich	premières mesures des États-Unis contre les équipementiers télécoms Huawei et ZTE pour des raisons de sécurité; début de la «guerre commerciale» entre la Chine et les États-Unis / la directrice financière de Huawei, Meng Wanzhou, est arrêtée au Canada suite à un mandat d'arrêt américain; d'autres pays boycottent Huawei / IBM veut acquérir Red Hat, le spécialiste de l'open source et du cloud, pour 34 milliards de

Année	Abacus	Secteur IT & logiciels en Suisse	Technologie & IT dans le monde
	cus remplace la base de données Pervasive par C-Tree, puis Faircom; c'est encore aujourd'hui la base de données favorite / pour la troisième fois consécutive, le chiffre d'affaires croît de plus de 10%; 342 personnes chez Abacus Research, 425 dans le groupe Abacus		dollars / en 2018, près de 200 milliards de dollars de chiffre d'affaires mondial générés par le cloud computing
2019	dernière bataille dans la guerre saint-galloise du software: le Tribunal fédéral tranche en faveur d'Abacus / première édition en français du magazine clients *Pages* / Abraxas remporte avec Abacus les appels d'offres des villes de Saint-Gall, Gossau, Rapperswil-Jona et Will / Abacus invente le terme A.L.A. (Autonomos Live Accounting), comptabilité automatisée en temps réel / partenariat avec Cornèr Bank: comptabilisation automatique des frais, des débiteurs et des créanciers avec AbaClik et DeepO annoncée / AbaClik 3: reconnaissance des documents à l'aide du Machine Learning, acheminement et traitement automatisé dans Abacus et AbaNinja / création de la société DeepCloud AG / ouverture et fête d'inauguration du nouveau bâtiment AbaHome 2, en face du bâtiment principal à Wittenbach / le chiffre d'affaires augmente de 10%; 402 personnes chez Abacus Research, 473 dans le groupe	Microsoft et Google proposent désormais des services de cloud computing depuis des centres de données situés en Suisse / malgré les doutes, Sunrise construit un réseau 5G avec la technologie Huawei / les premiers smartphones supportent les réseaux 5G; Swisscom annonce une extension rapide / la Confédération nomme un «délégué à la cybersécurité» / Sunrise prévoit de reprendre le câblo-opérateur UPC Suisse / la banque en ligne berlinoise N26 arrive en Suisse	les États-Unis pressent les pays alliés de ne pas non plus utiliser la technologie Huawei / fin de la définition de la norme de téléphonie mobile 5G / CeBIT, le plus grand salon informatique du monde, est supprimé / extension du boycott de Huawei par les États-Unis / l'attaque par ransomware contre le groupe industriel Norsk Hydro fait les gros titres dans le monde entier
2020	chômage partiel annoncé en raison de la pandémie de Covid 19 / Rainer Kaczmarczyk remplace Claudio Hintermann à la présidence du conseil d'administration; il accompagnera le processus de transformation de l'entreprise / annonce d'une collaboration avec la néobanque Yapeal / Abacus lance la plaque tournante automatisée de données DeepBox; elle doit également être accessible aux fournisseurs tiers / bonne année commerciale malgré la pandémie: le chiffre d'affaires augmente de 14% près de 14000 clientes et clients pour AbaWeb; le portail des collaborateurs MyAbacus compte déjà 60000 users	le scandale crypto: les médias révèlent que la société zougoise Crypto AG a installé pendant des années des portes dérobées dans ses appareils de cryptage / le rachat d'UPC Suisse par Sunrise échoue; en revanche, Liberty Global, propriétaire d'UPC, reprend l'opérateur de téléphonie mobile Sunrise / le groupe japonais NEC rachète Avaloq (logiciels bancaires), le plus grand fabricant suisse de logiciels / la Confédération met en place un Centre national de cybersécurité (NCSC); intégration de la Centrale d'enregistrement et d'analyse pour la sûreté de l'information / La Poste reprend la majorité de Klara pour 22 millions de francs / Yapeal obtient une licence bancaire simplifiée (licence Fintech) de la Finma / Sage veut à nouveau vendre ses solutions suisses pour 100 millions de francs	la pandémie Covid 19 déclenche une vague de demande pour les appareils de bureau à domicile et les logiciels de travail en équipe / énorme poussée de la demande également pour les commerçants et les médias en ligne / IBM veut se scinder en deux / la pandémie de Covid 19 accélère la demande d'automatisation des processus / le fournisseur de SaaS Salesforce veut acquérir Slack, un outil de collaboration à succès, pour près de 30 milliards de dollars / hack de Solarwinds: un criminel (ou un État) obtient l'accès à des milliers d'entreprises et d'organisations

Année	Abacus	Secteur IT & logiciels en Suisse	Technologie & IT dans le monde
2021	Abacus investit dans la néobanque Yapeal afin de s'approprier sa technologie d'identification en ligne / Abacus rembourse les indemnités de chômage partiel / participation dans l'éditeur romand de logiciels immobiliers Tayo / Abacus dénonce La Poste à la Comco pour l'acquisition de Klara et dépose une plainte auprès de l'organe de surveillance PostCom / la dernière génération de logiciels, Abacus Deep, a pour but de mettre en place une comptabilité entièrement automatisée; intégration des services de paiement de Yapeal / le chiffre d'affaires augmente de 15 % Abacus Research emploie désormais 439 personnes et le groupe 556 avec ses filiales à Thalwil, Bienne et en Allemagne	Swisscom reprend le prestataire de services informatiques MTF / l'outsourcer pour PME UMB, qui a connu le succès pendant de nombreuses années, est vendu à BKW; BKW possède déjà le prestataire de services informatiques Swisspro / scandale à la commune de Rolle (VD) qui a passé sous silence une attaque de ransomware / le groupe austro-allemand Infoniqa rachète Sage Suisse / La Poste rachète rapidement d'autres entreprises de logiciels, dont Dialog, fabricant de logiciels pour les communes / Infoniqa avale aussi Run my Accounts	en 2021, plus de 400 milliards de dollars de chiffre d'affaires mondial pour le cloud computing / le Royaume-Uni et d'autres pays interdisent la technologie Huawei dans les réseaux 5G / la pandémie de Covid 19 bouleverse les chaînes d'approvisionnement; la pénurie de semi-conducteurs entraîne une pénurie de produits informatiques / une attaque dévastatrice contre l'exploitant de l'oléoduc américain le contraint à interrompre la livraison de pétrole / le boom boursier réveille les souvenirs de la bulle de la nouvelle économie / scandale autour du logiciel de surveillance de téléphones portables Pegasus / Facebook est rebaptisé Meta: le groupe croit aux futurs mondes virtuels numériques
2022	Abacus augmente sa participation dans Yapeal / PostCom ne veut pas traiter la plainte d'Abacus; Abacus saisit le Tribunal administratif fédéral / Abacus annonce sa propre carte bancaire; Yapeal est à l'origine de cette annonce / Abacus ouvre un bureau à Genève / forte croissance du chiffre d'affaires (14 %), 700 000 abonnements au portail des collaborateurs MyAbacus; Abacus Research emploie désormais 574 personnes, le groupe Abacus 723	AWS (Amazon) ouvre également un centre de données cloud en Suisse / La Poste acquiert d'autres entreprises informatiques, dont le prestataire de services aux communes T2i / attaques persistantes de ransomware contre des entreprises et organisations: entre autres Läderach, Haute école de Neuchâtel, commune d'Yverdon / la chute du bitcoin entraîne un désenchantement dans la «Crypto Valley» de Zoug	pénurie persistante de semi-conducteurs de toutes sortes / ChatGPT, un robot de chat qui utilise l'intelligence artificielle, étonne le monde; ChatGPT peut écrire des textes, mais aussi du code logiciel / principaux thèmes en 2022: intelligence artificielle (IA) et cybersécurité
2023	la Comco rejette la plainte d'Abacus concernant la reprise de Klara par La Poste / Abacus renouvelle sa direction et son conseil d'administration: Christian Huber et Claudio Hintermann deviennent co-CEO, Daniel Senn devient président du conseil d'administration / le prestataire de services aux communes de Suisse romande Prime Technologies distribue désormais Abacus en plus de ProConcept / participation au guichet en ligne eAdmin / Abacus reprend la solution sectorielle Plato (logiciel pour avocats et conseillers) / annonce de l'acquisition d'Umantis (logiciel pour le développement du personnel), ce qui permet de pénétrer le marché des grandes entreprises	le Conseil national demande l'exclusion de certains fournisseurs étrangers lors de la construction d'infrastructures critiques; il s'agit surtout de Huawei / d'autres entreprises et institutions connues ont été touchées par des attaques de ransomware: *NZZ*, ABB, écoles bâloises / le NCSC de la Confédération sera désormais rattaché au Département de la défense et des sports / le partenaire d'Abacus OBT reprend le partenaire d'Abacus Lehmann	le succès de ChatGPT déclenche un débat mondial: faut-il un moratoire sur l'IA? / guerre commerciale persistante entre les États-Unis et la Chine: les États-Unis empêchent l'exportation de technologies de pointe vers la Chine

Auteur

Christoph Hugenschmidt fait ses débuts dans le journalisme en 1999 en tant que rédacteur en chef d'*IT Reseller*. En 2004, il fonde avec Hans Jörg Maron le média en ligne *Inside IT* où il occupe différents rôles jusqu'en 2021. Aujourd'hui, il travaille comme auteur et animateur indépendant.

Remerciements

Par un soir d'été en 2021, je me trouvais chez de très bons amis dans une arrière-cour de la ville de Berne. C'était l'heure de l'apéro, on faisait des grillades et on profitait d'une belle soirée. Via l'app Telegram, je reçus un message me demandant si j'avais envie d'écrire un livre sur l'extraordinaire histoire d'Abacus. Si j'avais su le travail que ce projet me demanderait, je n'aurais sans doute pas accepté aussi spontanément. Sans aide, cela aurait été impossible.

De nombreuses personnes ont pris la peine de discuter longuement avec moi, de se préparer à nos entretiens et de me fournir des sources supplémentaires. Je remercie pour leur franchise et leur temps Simone Anderes, Ursula Beutter, Paul Bischof, Simon Boss, Dieter Fischer, Geni Frei, Donat Fritschy, Laurent Gfeller, Roland Günther, Nicolas Guillet, Roger Greutmann, Felix Honegger, Christian Huber, Rainer Kaczmarczyk, Markus Keller, Erich Kleinhans, Renate Kohsmayer, Marcel Kupferschmied, Roland Michel, Roland Neuweiler, Giancarlo Palmisani, Thomas Peterer, Eliano Ramelli, Evi Raymann, Martin Riedener, Eric Scherer, Jürg Schwarzenbach, Daniel Senn, Jürg Stricker, Jürg W. Stutz et Peter Winkler.

Ursi Bettio m'a remis les exemplaires reliés de *Software-Trend,* Röbi Weiss m'a offert la dernière version de son poster *Digitale Evolution* et m'a prêté des numéros importants de *PC Business!* ainsi que d'autres matériels. Mark Schröder, alors journaliste à *Computerworld,* m'a ouvert les portes des archives du journal et m'a aidé à faire des recherches, et Ingo Rausch, de la maison d'édition Neue Mediengesellschaft Zürich, ne l'a pas interdit. Reto Vogt d'*Inside IT* m'a également aidé dans mes investigations.

Claudio Hintermann n'est pas seulement derrière l'idée de ce livre, il a aussi financé mon travail et la production. Si j'écris ici qu'il n'a même pas essayé d'influencer le contenu du livre, cela semble peu crédible. Mais c'est la vérité. Thomas Köberl m'a soutenu activement dans mes recherches et a soumis les cinq premiers chapitres à une vérification des faits – lui aussi sans essayer de faire passer en douce sa vision des choses. Si toutefois il y a des erreurs factuelles, je suis le seul à blâmer.

Le soutien du journaliste Peter Wolf a été important: il m'a encouragé, a porté un regard critique sur la structure de base, a corrigé et commenté les textes. Ma partenaire Agnes Hofmann a revu les textes d'un œil neuf et constructif. Et pour finir, la lectrice Stéphanie Mohler s'est attaquée à mes mauvaises habitudes journalistiques. Hannes Gloor s'est chargé de la conception et a créé une mise en page élégante.

Avec le photographe Manu Friederich, j'ai passé trois jours à Wittenbach, à Saint-Gall dans le quartier de St. Fiden, ainsi qu'à Bienne. Cela a donné une multitude d'images et de portraits marquants, dont certains figurent dans ce livre. Et le jeune journaliste Lukas Tobler s'est rendu avec moi à Wittenbach au «Segreto» et a écrit le charmant petit reportage sur sa première visite dans un restaurant étoilé.

Je les remercie toutes et tous.

Impressum

La maison d'édition Hier und Jetzt est soutenue par l'Office fédéral de la culture par le biais d'une contribution structurelle pour les années 2021-2024.

La rédaction de ce livre respecte les règles d'orthographe actuelles. Les citations et titres des articles de journaux sont traduits librement. Les ajouts sont inclus entre [crochets], les omissions sont indiquées par [...].

Photographie: Manuel «Manu» Friederich, Berne
Relecture: Stephanie Mohler, Hier und Jetzt
Traduction: Translingua AG
Conception et composition: Hannes Gloor, Zurich
Impression et reliure: Longo AG, Bozen

Ce livre est également publié en allemand et en anglais.
ISBN édition allemande 978-3-03919-602-9
ISBN édition anglaise 978-3-03919-610-4

www.hierundjetzt.ch
ISBN édition papier 978-3-03919-609-8